SIMON LOHMEYER

IRRE GUT

DEINE BESTE ZEIT IST JETZT

Originalausgabe August 2021
© 2021 Knaur Verlag
Ein Imprint der Verlagsgruppe
Droemer Knaur GmbH & Co. KG, München
Alle Rechte vorbehalten. Das Werk darf – auch teilweise – nur mit
Genehmigung des Verlags wiedergegeben werden.
Redaktion: Birgit Förster
Die Songzitate auf den Seiten 190, 196 und 197 sind entnommen aus:
THE LOGICAL SONG
Musik & Text: Richard Davies, Roger Hodgson
© Almo Music Corp., Delicate Music / Rondor Musikverlag GmbH
Das Zitat von Hilde Domin auf Seite 15 ist folgendem Werk entnommen:
Domin, Hilde/Herausgegeben von Herweg, Nikola; Reinhold, Melanie;
Nachwort von Klüger, Ruth, Sämtliche Werke, 8. Edition
© 2009, S. Fischer Verlag GmbH, Frankfurt am Main
Covergestaltung: Patrina Straehl
Coverabbildung: Foto: Miosoti Pichardo, Copyright: Simon Lohmeyer
Satz: Adobe InDesign im Verlag
Druck und Bindung: CPI books GmbH, Leck
ISBN 978-3-426-67609-7

5   4   3   2   1

Mit allen möglichen schlauen Gedanken von Axel Milberg, Billy Porter, Dr. Ruth Westheimer, Bonnie Strange, dem legendären Panikdoktor, Rainer Langhans, Ellen von Unwerth, meiner Tante Regina und meinem Opa Henno Lohmeyer.

Simon Lohmeyer hat in seinen 31 Lebensjahren vieles ausprobiert: Er arbeitete als Tellerwäscher, Model, Gärtner, Barmann, Fotograf und Filmer, hat eigene Lokale und eine Galerie betrieben – sowie ein berüchtigtes Münchner Hinterzimmer-Speakeasy.

Für die deutsche Ausgabe des Männermagazins *GQ* schrieb er fünf Jahre lang einen Lifestyle-Blog, in dem er über Themen wie Achtsamkeit, Kreativität, Spiritualität, Mode und Popkultur berichtete. Inzwischen berät er mit seiner Kreativagentur »LAZY« Firmen, darunter Luxusmarken und Modelabels. Dazwischen bereist er fotografierend und schreibend die Welt.

Ein Leben wie im Traum, möchte man meinen. Dabei war es nicht immer einfach für ihn, seinen Weg zu finden und sich der diversen Schubladen zu erwehren. Die Drogenabhängigkeit seines Vaters und der Freitod seiner kleinen Schwester führten zu frühen Sinnkrisen. Gerade die Zumutungen, die das Leben für ihn bereitgehalten hatte, lernte Simon Lohmeyer als Herausforderungen zu begreifen. Als Vorbild und Ratgeberin stand ihm seine Großmutter Marianne zur Seite. So wie die außergewöhnliche Frau, die als Leichtathletin sogar zu den Olympischen Spielen eingeladen war, entschied er sich für ein selbstbestimmtes und unabhängiges Leben. Mit 18 machte er sich auf, die Welt kennenzulernen und Orte zu entdecken, an denen er völlig zwanglos leben kann.

Diese Lebensreise führte ihn zu fernen einsamen Plätzen, auf bunte Partys und in schillernde Szenen der großen Weltmetropolen – aber auch an die Ränder der Gesellschaft, wie etwa zu Kindern in Kambodscha, die auf einem gigantischen Müllhaufen leben.

Was er dabei herausfand: dass das Glück überall zu Hause sein kann und man den schweren Dingen am besten mit großer Leichtigkeit begegnet. Dabei entdeckte er jenen Ort, an dem er sich wirklich zu Hause fühlt: bei sich selbst. Diese autobiografische Erzählung ist auch eine Art Reiseführer ins Unbekannte, mit einem großen Ziel: ein freies und kreatives Leben.

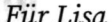

Für Lisa

INHALT

INTRO

Ich stoße die Tür weit auf. Ich trete hinaus aus dem alten Zirkuswagen, den mein Vater für mich und meine kleine Schwester, als wir Kinder waren, gekauft hat. Ich blicke auf die bunten Kringel und Blumen, die Lisa damals überall hingemalt hat. Eigentlich war das Ding bloß ein alter Bauwagen, aber sie hatte von einem richtigen Zirkuswagen geträumt und ihn einfach dazu gemacht.

Wie lange mag das her sein, zwanzig Jahre? Damals, bevor der Vater anfing, harte Drogen zu nehmen, und als meine kleine Schwester noch am Leben war. Der alte Wagen steht immer noch im Garten meiner Großmutter, der heute mir gehört. Es ist Frühling, die ersten Krokusse schießen aus dem Boden. Die alten Obstbäume meiner Oma und die Magnolien blühen auch schon ein wenig, aber sie zögern noch. Ich atme tief ein, meine Lungen füllen sich. Das Durchschnaufen fühlt sich heute als etwas ganz Besonderes an. Denn die ganze Welt hält zurzeit den Atem an. Seit über einem Jahr breitet sich dieser Virus aus, mehreren Millionen Menschen ist die Luft für immer weggeblieben. Manche ertrinken geradezu an ihrer eigenen Luft. Die frische Landluft erscheint mir plötzlich kostbar.

Der Garten der Oma ist von alten Tuffsteinen begrenzt. Sie liegen seit Jahrzehnten da, vielleicht seit Jahrhunderten. Sie könnten von anderen Krisen und Seuchenzeiten berichten. Sie haben die Cholera gesehen, die Spanische Grippe, wer weiß, vielleicht sogar schon die Pest. Aber die Steinbrocken ziehen es bekanntlich vor, zu schweigen. Meine Freundin kommt von hinten aus dem Bett gekrochen und umarmt mich, sie lächelt und reicht mir Tee. Wir sind seit Langem zum ersten Mal für längere Zeit an einem Ort. Die vergangenen Jahre gestalteten sich als eine einzige große Reise, ich war damit beschäftigt, ständig irgendwohin zu fliegen. Island, Irland, Israel, Indien – und das sind nur die Orte mit I. Aber auf einmal ist selbst Ismaning, das zwanzig Kilometer entfernt von unserem bayerischen Bauerndorf mit dem Zirkuswagen liegt, unerreichbar. Ich fühle mich fast ein wenig schuldig, dass wir es so schön hier haben, während die Welt keucht. Aber ich genieße den Stillstand, der gerade herrscht. Zum ersten Mal seit langer Zeit habe ich nicht die Sorge, den nächsten Flieger zu verpassen. Alles ist gecancelt. Ich stehe an jenem Ort, an dem mein Leben einmal seinen Anfang genommen hat, wo es in die falsche Richtung gelaufen ist und der gerade im Moment mein liebstes Reiseziel ist. Ich bin nicht mehr auf der Flucht, sondern dort ausgestiegen, wo ich immer schon einmal hinwollte. Bei mir selbst. Hier soll dieses Buch beginnen.

AUF DER SUCHE NACH DEM KIND, DAS ICH HÄTTE SEIN KÖNNEN

»Ich setzte den Fuß in die Luft, und sie trug.«
(Hilde Domin)

Es gibt diese romantische Vorstellung, dass man den Kontakt zu dem Kind, das man einmal gewesen ist, nie verlieren dürfe. Mir ist dieses Kind, um ehrlich zu sein, nicht mehr sonderlich nahe. Wo liegen die Ursprünge meiner selbst, was sind die frühesten Erlebnisse, an die ich mich konkret erinnern kann? Auf Bildern aus einem alten Album meiner Großmutter sehe ich mich mit einem Strauß Pfefferminze, die überall in ihrem Garten wuchs. Auf keinem der Bilder ist ein Lächeln zu sehen, fällt mir sofort auf. Auf einem habe ich schon diesen starken Ausdruck, den später die Fotografen von mir als Model immer wollten. Sehr streng schau ich da drein, ernst und manchmal etwas patzig. Alles, was ich eigentlich nicht bin.

In frühen Jahren war ich ein rundlicher Rabauke mit einem ungeheuerlichen Cholesterinspiegel. Ich liebte es, literweise heiße Schokolade und Kakao zu trinken, was mir bald vom Kinderarzt verboten wurde. Zudem hatte ich diese merkwürdige Zwangsvorstellung, mein Geschäft ausschließlich auf der Toilette meines Elternhauses verrichten zu können. Das ging halbwegs gut, wenn ich im Kindergarten war. Zum Problem wurde es im Familienurlaub, der nach Italien an den Gardasee führte. Tagelang hatte ich es mir verkniffen, bis mein Bauch fürchterlich zu schmerzen begann. Besorgt betrachteten mich die Eltern und redeten auf mich ein. Schließlich überlegten sie ernsthaft, den Urlaub abzubrechen und nach München heimzufahren, damit das Kind endlich auf seine gewohnte Kloschüssel gehen konnte. Man versprach mir alle möglichen Belohnungen, Bobbycars und Carrera-Bahnen, nur damit dieser seltsame Junge endlich Kacken ging. »Du bist doch auch schon im Wald auf Klo gewesen, draußen bei der Oma«, redete mein Vater auf mich ein. »Weißt du das nicht mehr? Das schaffst du doch auch hier.« Er fand ein kleines Wäldchen direkt am See, grub ein Loch und ließ mich davor einfach stehen. Seine Taktik ging auf, zehn Minuten später kehrte ich im wahrsten Sinne erleichtert zurück, und der Urlaub konnte weitergehen.

Es sind diese kleinen Anekdoten und Geschichtchen, die jeder von sich kennt und die Jahre später zur Belustigung von Tanten und Nachbarn gerne erzählt werden, einen selbst aber meist beschämen. Aber erfahre ich aus ihnen etwas über mich selbst, über mein frühes Ich? Während ich versuche, mein Bewusstsein nach Anhaltspunkten zu durchstöbern, kommt mir eine ganz andere Erinnerung in den Sinn. Die Begegnung mit einem Kind, das auf eine ganz besondere Weise leuchtete.

Es muss zehn Jahre her sein, ich lebte mit meiner damaligen Freundin Jen in Sydney, wir waren fürs Wochenende mit ihrem alten Mercedes rausgefahren, um Freunde von ihr in deren luxuriösem Haus zu besuchen. Wir standen an einer Klippe, von der aus man einen atemberaubenden Blick auf das Meer hatte. Dort kletterte dieses süße, etwa fünf Jahre alte Mädchen herum, tollte und lachte und strahlte dabei. Gleichzeitig hatte es einen neugierigen, fragenden Ausdruck im Gesicht. Mich interessierte die fabelhafte Aussicht kein bisschen mehr, ich war völlig auf die Kleine konzentriert. Ihrer Mutter Rosie war das schnell aufgefallen, und sie stellte sich direkt neben mich und beobachtete belustigt, wie ich fasziniert ihrer Tochter beim unbeschwerten Rumhüpfen zuguckte. »Wie kann ein so kleiner Mensch ein so großes Charisma besitzen?«, fragte ich sie. »Wie habt ihr das angestellt, dass sie so ist?« Rosie schmunzelte, sie war es offenbar gewohnt, dass die Leute sich für ihr Kind interessierten. »Wir haben gar nichts gemacht«, antwortete Rosie und sagte mir diesen Satz, der, wenn man ihn hinschreibt, vielleicht etwas esoterisch klingt. In dieser Situation fand ich ihn aber einleuchtend und klug. »Kinder werden mit dem Wissen des ganzen Universums geboren«, sagte sie. »Unsere Aufgabe ist es, sie davor zu bewahren, sich das wegnehmen und zerstören zu lassen.«

Ich war ohne irgendeinen besonderen Grund oder gar eine Aufgabe nach Australien gezogen. Ich hatte aufregende anderthalb Jahre als Model in New York hinter mir, war von Party zu Party, von Modeljob zu Modeljob, von einem fremden Bett ins nächste gehüpft. Plötzlich, von einem Tag auf den anderen, hatte ich realisiert, dass ich damit fertig war. Mir fiel nichts mehr ein, was ich noch nicht erlebt, noch nicht ausgekostet hatte, ich fühlte mich ausgelutscht, das große faszinierende New York wirkte verbraucht auf mich.

Vielleicht meldete sich in diesem Moment das Kind, das in mir haust. Jedenfalls tat ich etwas, was man als nichts anderes als völlig kindisch bezeichnen kann: Ich buchte mir einen One-Way-Flug nach Australien. Nicht, dass ich mir damit einen lang gehegten Wunsch erfüllt hätte, ich folgte einfach einem inneren

Gefühl. Heute frage ich mich, ob ich damals instinktiv auf die exakt gegenüberliegende Seite des Weltballs meines Geburtsorts gesteuert war.

»Sorry, ich hätte mal eine Frage«, sprach ich im Flugzeug eine der Flugbegleiterinnen an. »Welche Währung haben die da eigentlich in Australien?« Die schicke, hochgewachsene Frau schaute mich verdutzt an und fragte sich vermutlich, ob ich sie auf den Arm nehmen wollte, dann fing sie an zu kichern und ging zu ihren Kolleginnen, um sich über den merkwürdigen Boy aus Bavaria zu amüsieren. Die Frauen beschlossen kurzerhand, mich zu ihrem Projekt für diesen Flug zu machen, und brachten mir – bevor noch irgendjemand anders auch nur ein Wasser hatte – erst einmal ein Bierchen. Es folgten diverse Gin Tonics, die mir ungefragt gemixt wurden, und schließlich, als die meisten Passagiere ihre Schlafmasken übergezogen hatten, stand ich mit der Crew im Zwischenabteil, wir schossen Polaroids voneinander und guckten bei weiteren zahllosen Drinks durch die Bullaugen dem unendlichen Sonnenuntergang zu, dem wir hinterherflogen.

Die äußerst gestrenge Einwanderungsbeamtin am Flughafen von Sydney stellte mir monoton ihre Standardfragen und blickte so skeptisch wie überrascht hoch, als ich schon die erste nicht beantworten konnte. »Irgendwo am Strand jedenfalls«, sagte ich, als sie wissen wollte, wo ich wohnen würde. Sie musterte mich aus ihrer Kabine heraus und schaute kurz sehr ungehalten, als würde sie gleich meinen Pass beschlagnahmen und die Security rufen. Dann schüttelte sie schmunzelnd den Kopf. »Oh, Boy, so wie du aussiehst, bist du vermutlich am Bondi Beach am besten aufgehoben.«

Dabei war die Frage gar nicht so unberechtigt. Wo sollte ich übernachten? Ich kannte keine Menschenseele auf diesem Kontinent. Was natürlich nicht stimmte, als Model kennt man immer irgendwo irgendwen. Noch am Flughafen postete ich meinen Standort auf Facebook, und dass ich irgendwo bleiben müsste. Innerhalb von zwei Stunden hatte sich eine gewisse Phoebe, mit der ich mal in Kapstadt in einem Modelapartment gelebt hatte, gemeldet und ließ mich bei sich wohnen. Ihre Wohnung lag natürlich direkt am Bondi Beach, wo auch sonst?

Es gibt einen Satz aus einem Gedichtband von Hilde Domin, der mich sofort in der Seele getroffen hat, als ich ihn zum ersten Mal las: »Ich setzte den Fuß in die Luft, und sie trug.« So fühlte ich mich in Sydney. Schon als ich die ersten Schritte auf dem Flugfeld gegangen war, spürte ich, dass dieser staubige, heiße Boden mein nächstes Zuhause sein würde.

Wie konnte aus dem scheuen Kleinkind, das ich von den Fotografien im Album meiner Großmutter kenne, dieser junge Mann werden, der überall in der Welt sofort Anschluss findet? So war es jedenfalls auch hier, mehr als je zuvor. Ich liebte den Bondi Beach, und der Bondi Beach liebte mich. Dabei waren es keineswegs nur feine Leute, die da abhingen. Als Erstes geriet ich an eine Bande ausgelassener Rich Kids, die von früh bis spät auf den Putz hauten. Vielleicht, weil ich ihren Hedonismus nicht verurteilte, sie aber auch nicht beneidete.

Auch wenn ich ständig irgendwo unterkam, musste ich eine feste Bleibe finden und studierte nachmittags am Strand Apartmentanzeigen, während sich die anderen mit ihren Boards in die Wellen warfen. Obwohl ich sieben Angebote rausgesucht hatte, fühlte ich bei einem sofort so ein aufregendes Ziehen in der Brust. Ich wusste, dass ich da zumindest hingehen musste. Außerdem lag es auch in einer Seitenstraße, die wieder direkt an den Beach grenzte.

Als sich die Tür öffnete und den Blick auf die Eigentümerin, bei der ich als Untermieter einziehen könnte, freigab, wusste ich sofort, warum. Ich bin nicht esoterisch veranlagt, auch nicht religiös, bestenfalls spirituell. Ich mag allerdings Religionen und jegliche Form von Kulten, solange sich deren Anhänger friedlich verhalten. Mir gefallen diverse Versatzstücke, die Geschichte mit dem Karma, die Idee einer ausgleichenden größeren Gerechtigkeit. Meine Familie hatte mir eine einfache Lebensregel vermittelt, in der die Zehn Gebote wie auch Kants kategorischer Imperativ irgendwie gleichzeitig Platz fanden: Tu einfach nichts, was sich irgendwie falsch anfühlt und was irgendjemand anders als Unrecht empfinden könnte. Und wenn du daran zweifelst, lass es einfach sein. Nun stand ich plötzlich vor einer fünfzigjährigen Brasilianerin mit wilden Dreadlocks, aus der ganz viel Zauber und wundersame Spiritualität fauchten. Ich zuckte jäh vor so viel Ausstrahlung zusammen und prüfte kurz, ob es sich richtig anfühlte. Aber sie ließ mir gar keine Wahl, sie fasste sofort nach meiner Hand und las daraus, dass ich bei ihr wohnen würde. »Ich kann deine Zukunft sehen«, sagte sie. »Und ich sehe, dass sie hier in dieser Wohnung stattfinden wird.« Ob ich mich nicht erst einmal vorstellen solle, fragte ich sie. »Ich weiß doch schon alles über dich«, sagte sie und schmunzelte süß.

Meine Zauberin hieß Lua, sie legte tagsüber auf dem Paddington Market den Menschen die Karten und wahrsagte ihnen ihr

Schicksal. Auf ihrer Business Card stand als Berufsbezeichnung, dass sie ein Medium sei. Es roch nach wundersamen Kräutern, die sie in Schalen angezündet hatte, Weihrauch und Myrrhe vielleicht.

Mir gefiel das Zusammenleben mit einer Hexe, besonders mit der Berufsauffassung, wie Lua sie pflegte. Zu einem ihrer festen Rituale gehörte es, sonntagnachmittags zur Vertreibung böser Geister eine Flasche Champagner im Garten zu vergießen und mindestens eine weitere zu trinken. Das ließ ich mir gerne gefallen. »Kannst du das Kind in mir sehen?«, fragte ich sie bei einer der gemütlichen Sonntagsmessen im Liegestuhl auf champagnergetränkter Wiese. »Und wieso es mir seit Längerem vergönnt ist, so friedvoll und lässig durchs Leben zu gehen?« Lua schaute ganz ernst und wild und holte ein paar Muschelschalen, die sie auf den Boden warf. »Du bist schon ein sehr, sehr altes Kind«, sagte sie. »Und dieses Leben, in dem du das Sternzeichen der Fische hast, wird dein letztes sein.« Mich gruselte es etwas bei dieser Aufführung, ich machte mir aber schnell bewusst, dass es zu ihrem Alltagsbesteck gehörte, einem Schauer wie diesen über den Rücken zu jagen.

Sollte die Sache mit der Wiedergeburt wahr sein, wäre das natürlich eine ziemlich tolle Nachricht, so kurz vor dem selig machenden Nirwana zu stehen. Allerdings frage ich mich, ob irgendjemandem schon einmal von einer Wahrsagerin prophezeit worden ist, dass er leider noch zahlreiche Leben als Küchenschabe, Hausschwein oder Wellensittich vor sich habe. Abends im Bett fiel mir allerdings auf, dass ich Lua nie mein Geburtsdatum gesagt und ihr auch nie einen Pass oder ähnliche Dokumente gezeigt hatte. Und ich rätselte in die Nacht hinein, wie sie wohl mein Sternzeichen erraten haben mochte.

Von da an verweigerte Lua mir jede weitere Auskunft zu diesem Thema, aber wir hatten eine gute Zeit zusammen. Wir kifften, schmierten uns Honig aus Bahia ins Gesicht und gingen damit joggen – ich habe ehrlich gesagt vergessen, wozu das gut war. Sie war unglaublich herzlich zu mir, war eine Art Big Mama meiner Australienzeit.

Das Leben am Beach wurde mit der Zeit ziemlich teuer. Also schaute ich mich nach einem Job um. Als hätte sie irgendwo auf dieses Stichwort gewartet, tauchte Amy auf. Sie war eine britische Journalistin, die sich in England umsichtig verheiratet und deshalb ein Vermögen zur Verfügung hatte, um Benefiz-Veranstaltungen für benachteiligte Kinder auszurichten. »Small Steps Project« nennt sich die Hilfsorganisation. Der Name passt auch insofern perfekt, als sie Spenden generierte, indem sie Designer-High-Heels von Londoner Society-Frauen versteigerte.

Über sie lernte ich auch Jen kennen. Jen kam ebenfalls aus London und strahlte eine unheimliche Sexyness aus. Sie konnte sich gar nicht normal mit jemandem unterhalten, ihre alltagsübliche Kommunikationsform war der Flirt. Allerdings war sie mit Tom liiert, einem schmierigen, auftrainierten Mittdreißiger, mit dem sie in einem protzigen Penthouse am Strand lebte. Wir lernten uns alle auf einer Party kennen. Sie erzählten mir von ihrem aktuellen Projekt, und dass sie zusammen nach Kambodscha reisen würden, um über Kinder, die dort in fürchterlicher Armut auf einer gigantischen Mülldeponie leben, einen kleinen Benefiz-Film zu drehen. Bevor ich überlegen konnte, ob ich mir das zutrauen würde, war ich als Kameramann engagiert. Dass ich nur eine kleine Ausrüstung besaß, sollte kein Problem darstellen. Jens Freund Tom stellte mir

22

allerlei aus seiner zur Verfügung. Weil er anscheinend nichts anderes mit seinem vielen Geld anzufangen wusste, hatte er selbst die ausgefallensten Geräte in seinem Equipment, die er mir großzügig in die Hand drückte.

Ehe ich michs versah, saß ich als angehender Kameramann neben Jen im Flieger nach Phnom Penh. Wenn ich zuvor erwähnt habe, dass die Zehn Gebote im Groben zu meiner Erziehung gehört hatten, muss ich vielleicht anführen, dass es das sechste nicht ganz in meinen Wertekanon geschafft hat. Dennoch halte ich mich für einen sehr treuen Menschen, und schließlich war es ja Jen, die in einer Beziehung lebte, nicht ich.

Kaum hatten wir uns in die von der Fluglinie bereitgestellten Decken gemummelt, spürte ich, wie Jens Hände darunter zu mir wanderten. Irgendwo über Indonesien oder Malaysia trafen wir uns in der Flugzeugtoilette und hatten ein wundervolles erstes sexuelles Erlebnis an diesem grundsätzlich eher unpraktischen Ort. Meine frühkindliche Angst vor fremden Klos hatte ich offensichtlich überwunden. Und als wir in Kambodscha landeten, gab es keinerlei Zweifel daran, dass Jen ihren Freund für mich verlassen würde.

Es war mein allerstes Mal in einem südostasiatischen Land. Bereits in den ersten Minuten in der Stadt war ich völlig übermannt. Der tiefsinnige, ernste Blick, den ich auf meinen Kinderfotos habe und der meine Modelkarriere begründete, wich einem großen Lächeln, das bis heute nicht mehr aus meinem Gesicht verschwunden ist. Die Kambodschaner wissen auf Millionen unterschiedliche Arten zu lächeln – und ich lächelte eifrig zurück. Ich lernte, dass es sich dabei um das allumfassende Tor zur Welt und ihren Menschen handelt.

Nachdem wir uns halbwegs akklimatisiert hatten, brach unser kleines Team zum eigentlichen Ziel unserer Reise auf. Ich war unheimlich fröhlich und beschwingt, nicht zuletzt, weil sich zwischen Jen und mir eine unbeschwerte Liebesaffäre entwickelt hatte. Überglücklich fuhren wir mit einem Mietbus in eine etwa zwei Stunden von Phnom Penh entfernte Stadt. Jenes Sihanoukville liegt an der Küste des Landes, doch der Anblick unseres Ziels traf mich in meiner Unbeschwertheit und allgemeinen Verliebtheit in die Menschen besonders heftig. Wir standen vor einer gigantischen, stinkenden und dampfenden Mülldeponie etwa von der Größe Mannheims.

Unser Guide Kim Nao, eine Frau, die hier aufgewachsen war und es zu einer Schulbildung gebracht hatte, führte uns zu den Bewohnern des Müllhaufens. Tatsächlich lebten Tausende von Menschen direkt auf dem Müll, den die wohlhabenderen Kambodschaner hier abluden, und versuchten aus all dem Abfall ein Leben zu bestreiten. Trotz meiner Schockstarre wurde ich bereits wieder angelächelt, man reichte mir Hände und Speisen, die sie vermutlich auch aus irgendwelchen Abfällen zusammengekocht hatten, ich fühlte mich aber dennoch beglückt, dass man das mit mir teilte. Ich war zu diesem Zeitpunkt kein weltfremder bayerischer Bub mehr, ich hatte in der Bronx und in Kapstadt gelebt und wirklich schon einiges gesehen. Dennoch fiel es mir schwer, meine Gefühle zu sortieren. Was da alles in einem hochkommt, Ekel, Mitleid, Sorge, Betroffenheit. Ein Mädchen, das viel zu große Klamotten trug, biss in eine halbe angegammelte Zitrone ... und lächelte mich an. Eine

junge Frau kam auf uns zugelaufen und hielt uns freude-
strahlend ihr Neugeborenes hin, es musste erst Tage oder gar
Stunden zuvor das Licht der Müllkippe erblickt haben. Ob auch
dieses Kind mit dem Wissen des Universums zur Welt gekommen war?

Schnell hatten wir uns an den bestialischen Gestank gewöhnt,
brachten Kinder in die französische Schule, die sie mit einem
Stipendium des »Small Steps Project« besuchen durften. Am
Ende gelang es uns, zwei Kinder, die für ihre Familien Brauch-
bares im Müll sammeln mussten, auszulösen und ihnen eine
langfristige Schulbildung zu ermöglichen. Ich begann mich
wohlzufühlen. Gleichzeitig hatte ich jedoch das unangenehme
Gefühl, dass ich mich an der Situation dieser Menschen ein
wenig bereicherte, mich an der Vision, Gutes zu tun, am Ende
vielleicht bloß selbst moralisch bereicherte und sie ganz bald
auf ihrem Müllberg zurücklassen würde. »Es ist gut, dass du darüber nachdenkst«, sagte Jen zu mir. »Aber sei doch einfach
dankbar, dass du hier eine Lektion lernen darfst, es ist nie
schlecht, sich glücklich zu fühlen.« Zum Abschied organisierten
wir einen Ausflug ans Meer mit all den Kindern, und von Glück
beseelt liefen wir zusammen in die Brandung.

Im Flugzeug zurück beschlich mich die Angst vor Tom. Er hatte
natürlich längst erfahren, dass seine Freundin mit mir ange-
bandelt hatte, ich musste ihm aber schließlich seine Objektive
zurückbringen. »Ich kann dir nicht versprechen, dass er dich
nicht verdreschen wird«, sagte Jen. »Aber da musst du durch.«
Tatsächlich stand Tom bereits mit geballter Faust vor seinem
Haus und ließ seine Brustmuskeln spielen. Ich erinnerte mich
an die Kunst des Lächelns, die ich in Kambodscha kennen-

gelernt hatte, und versuchte eines aus meinem Repertoire zu fischen, das friedvoll wirkte, aber keinesfalls triumphierend. Es gelang, und Tom lud mich auf einen Whiskey ein, »unter Männern«, wie er mit grimmigem Blick sagte.

Am Abend standen Jen und ich am Strand und ließen uns das Meer um die Zehen spülen. »An was denkst du?«, fragte sie. »An einen Moment aus meiner Kindheit«, antwortete ich ihr. Plötzlich war ein Erinnerungsfetzen aufgetaucht, in dem auch eine Brandung wie diese vorkam. Vielleicht ist es sogar der allerfrüheste, den ich noch zur Verfügung habe. Wir waren auf Korsika gewesen, wie immer mit einem dieser alten VW-Busse, die Hippies wie meine Eltern gerne fuhren. In dieser Erinnerung tapse ich durch den nassen Sand, und plötzlich kommt eine große Welle auf mich zu, und als sie sich wieder zurückzieht, krabbeln kleine Schildkrötenbabys um mich herum. »Ich glaube eher nicht, dass Schildkrötenbabys mit einer Riesenwelle aus dem Meer gehüpft kommen«, sagte Jen. »Ich habe auch von einer Kindheitserinnerung gesprochen«, sagte ich lachend, »und keine wissenschaftliche Studie zitiert.«

Wir waren schnell wieder in unser verrücktes und etwas überdrehtes Leben am Bondi Beach zurückgekehrt, und Jens schwuler Freund Glen, der als Gärtner in den Luxusvillenanlagen Sydneys arbeitete, engagierte mich als seinen Sidekick. Es war eine herrliche Zeit, wir tanzten in Cowboyboots und mit nackten Oberkörpern zu Lady Gagas Musik, während wir Rasen stutzten und Bonsaibäume pflanzten. Und die reichen Desperate Housewives klatschten erfreut im Takt, servierten uns Obstsalate und ließen uns großzügige Trinkgelder angedeihen.

An jenem Tag, an dem wir den Ausflug an die Klippe machten, wo ich dieses wundersam schöne und charismatische Kind treffen sollte, habe ich abends Jen zum ersten Mal nackt fotografiert. Es war grandios, sie stand mit gespreizten Beinen in der Brandung, als der Ozean eine gewaltige Fontäne seines Wassers an ihr hochfahren ließ. Es war das erste Bild auf meiner Fotoseite im Internet, die mich als Fotograf bekannt machte.

Als Weihnachten nahte, beschloss ich – zum ersten Mal seit Langem –, für einen Kurztrip nach Bayern heimzufliegen. Am Flughafen küssten Jen und ich uns innig. »Komm bitte schnell zurück«, hauchte sie in mein Ohr, doch als ich mich umdrehte, hatte ich bereits eine Ahnung, dass es ein Abschied sein sollte. Sie war nie eine Frau gewesen, die sich lange binden wollte, das war mir klar. Dies musste jedem bewusst gewesen sein, der sie kannte und sich auf sie und ihr verrücktes und wildes Dasein einließ.

Ich erinnerte mich an meinen letzten Geburtstag, den wir zusammen in Melbourne gefeiert hatten. Da schickte sie eine hübsche junge Asiatin auf mein Zimmer, ein Callgirl, das sie für mich engagiert hatte und das sich ohne Umschweife über mich hermachte. Jen war kurz darauf dazugestoßen. Das war ihre Auffassung von Freiheit. Es war klar, dass man eine Frau wie sie nicht für immer in Anspruch nehmen durfte. Und doch schmerzte es. Als ich zurückkehrte, war sie längst mit ihrem Herzen anderswo eingezogen, und meine Koffer waren gepackt. Inzwischen soll sie sogar verheiratet sein, mit einem Schlagzeuger der Rockband Metallica oder so.

Ich weiß es natürlich nicht sicher, aber ich glaube, sie war die einzige Freundin in meinem Leben, die mich betrogen hat. Und doch denke ich mit großer Zärtlichkeit und ohne Groll an sie zurück. Das liegt sicher an unseren gemeinsamen Erlebnissen in Kambodscha, diese wichtigen Momente werden für immer bleiben.

Die Zeit mit Jen war von einer wunderbaren Leichtigkeit, unverbindlich und frei, aber von allen Beziehungen meines Lebens hat sie am wenigsten in mir hinterlassen. Eines vielleicht doch: dass ich es gar nicht so erstrebenswert finde, völlig frei von Eifersucht zu sein. Vermutlich träumen viele Männer davon, dass ihnen ihre Freundin ein Sexabenteuer gönnt oder gar wie in Jens Fall ein solches organisiert. Aber manche Dinge sind eben nur als geheime Fantasie schön, fühlen sich in der Umsetzung aber falsch und fahl an.

So weit war ich damals aber noch nicht. Ich dachte, dass ich durch das Abenteuer Australien erwachsener geworden sei. Vielleicht war das Gegenteil der Fall, und ich bin ein Stück dem Kind nähergekommen, das ich war oder zumindest hätte sein können.

VON DER KUNST
DER SELBSTERFINDUNG

MIT AXEL MILBERG

Der Satz, den mir Jens Freundin an der Küste über ihr Kind gesagt hatte, ist mir bis heute präsent. Es gibt ein Zitat von Pablo Picasso, das dem im Wesentlichen ähnelt: »Als Kind ist jeder ein Künstler, die Schwierigkeit besteht darin, als Erwachsener einer zu bleiben.«

Ich fürchte, dass ich als Kind gar nicht so ein großer Künstler gewesen bin, aber darum geht es auch gar nicht. Was Jens Freundin und Picasso meinten, ist, dass man sich den unverstellten Blick, die Neugier, das Ergebnisoffene bewahren soll, was ein Kind ausmacht. Mein inneres Kind ist – glaube ich zumindest – heute viel größer als damals, als ich tatsächlich klein war. Viele Menschen, die in Lebenskrisen schlittern, belegen Kurse zur Selbstfindung. Ich habe den Eindruck, dass man dabei oft auf Seiten von sich stößt, die man gar nicht kennenlernen will. Wie heißt es im Vorspann der Freud-Serie, die ich kürzlich auf Netflix gesehen habe: »Ich bin ein Haus. In mir ist es dunkel. Mein Bewusstsein ist ein einsames Licht. Alles andere liegt im Schatten. Alles andere liegt im Unbewussten.« Ich muss gar nicht jeden Kellerwinkel kennen, in dem es mieft und schimmelt. Und glaubt mir, jeder von uns hat so ein finsteres Verlies oder einen nicht so hübschen Dachboden. Auch auf die Gefahr hin, dass ich jetzt ein paar Psychoanalytiker gegen mich aufbringe: Man muss nicht jede Tür aufbrechen. Baut euch lieber einen hübschen Wintergarten eures Selbst. Das habe ich, glaube ich – ohne dass es ein ernsthafter Plan gewesen wäre –, längst getan. Ich habe keine Selbstfindung betrieben, sondern eine Selbsterfindung. Meine Gene und meine Lebensumstände geben mir einen gewissen Rahmen, dem ich schwer entkommen kann. Aber darin bin ich unendlich frei.

Während ich so darüber nachdenke, welches Kind ich war und welches Kind ich heute noch bin, fällt mir mein Freund Axel ein. Ihr kennt ihn vermutlich, Axel Milberg ist ein ziemlich berühmter Schauspieler, Tatort-Kommissar, Buchautor. Vor allem aber ist er der Vater und Stiefvater meiner alten Freunde Julius, Moritz und Pico. In der schwierigen Zeit, als mein eigener Vater aufgrund seiner Drogensucht nicht zur Verfügung stand, hatte ich das große Glück, in Axels Patchworkfamilie aufgenommen zu werden. Mit den Milbergs durfte ich in Urlaub fahren und dabei etwas darüber lernen, wie man mit Leichtigkeit Familie gelingen lassen kann. Das interessierte mich: Wie kann man so entspannt und locker sein wie sie und es doch schaffen, zumindest den Anschein des Erwachsenseins zu wahren? Und ein Meister darin bleiben, das Kind in sich heilig zu halten.

Wir waren Mitte der Nullerjahre in einem Ferienhaus in Ramatuelle, einem malerischen Ort an der französischen Côte d'Azur, wohin ich Axel und seine Familie in einen Urlaub begleiten durfte. Er stand vom Esstisch auf, holte sich zwei Teller aus der Küche und kam plötzlich sturzbetrunken zurück. Wir alle schauten verwundert, vielleicht auch peinlich berührt, wie er an den Tisch zurücktorkelte und lallte. Hatte er irgendwo eine Karaffe Absinth geext? Schon bald stellte sich heraus, dass er seinen Rausch bloß gespielt hatte. Einfach, weil er es lustig fand. Ich genoss diese Vorführung so sehr, dass ich damals beschloss, ein bisschen wie Axel sein zu wollen: ein Schelm und Freund des Schabernacks.

Ich rufe Axel an. Er erinnert sich natürlich und weiß sofort, wovon ich spreche. »Es handelt sich um eine Art Verteidigung der Kindheit oder des Kindlichen«, sagt er. »Wenn du erwachsen wirst, deine Familie organisierst, Verträge anschaust und abschließt, wenn du medizinische Vorsorge betreibst – all das ist Erwachsenenkram, der sein muss.« Er überlegt kurz. »Wenn einen was zwackt, geht man zum Arzt, klar. Das ist besser, als zu sagen: ›Ach nö, das muss ich gar nicht wissen‹, was nämlich nicht kindlich ist, sondern kindisch.« Natürlich müsse jeder von uns in vielen Augenblicken seines Lebens erwachsene Maßnahmen ergreifen, um sich und andere durch die Zumutungen des Alltags zu navigieren.

»Aber es gibt diese Freiräume, wo ich von Herzen kindlich bleiben darf«, sagt Axel. Quatsch machen, ohne Absicht handeln. Ohne Ziel oder Selbstzweck, einfach so. Ich kenne, was er mir da berichtet. Axel sagt weiter: »Manchmal steige ich um 8:30 Uhr in eine Lufthansa-Maschine, steuere auf meinen Platz zu und setze mich zwischen all die Anzugträger mit ihren Zahlenkombinationsköfferchen auf dem Schoß und einer Rolex am Arm. Und fühle mich wie ein unbegleiteter Minderjähriger, obwohl die meisten von denen zehn oder gar zwanzig Jahre jünger sind als ich.« Man sei vollkommen getrennt von dieser Welt um sich herum. »Wobei ich mich mit denen wunderbar unterhalten kann und interessiert lausche, wenn sie von ihrer Welt der Effizienz erzählen. Aber es bleibt eine fremde Sprache, eine mir unbekannte Aufgeregtheit – und das fühlt sich jedes Mal wunderbar an.«

Das sei der Punkt, sagt Axel, an dem er innerlich eine Verteidigungshaltung annehmen würde. »Da merke ich, wie ich diese Kindlichkeit, dieses Spielerische und Sinnlose, das Im-Moment-Leben, zu schützen beginne.«

Axel kennt die Wohnungen, in denen ich gelebt habe, und analysiert mich ein wenig über meine Einrichtung. »Diese Zitate an den Wänden, die vielen Spiegelungen und Fotos, verspielt warmherzig und liebevoll, das hat alles damit zu tun. Das machst du für dich, du machst es, weil du's kannst und weil du nicht anders kannst«, sagt er. Das Zitat, das er anspricht, hat mir einmal in einer lustigen Nacht mit viel Wein ein Freund an die Wand gepinselt. Ein Rilke-Gedicht.

> Du musst das Leben nicht verstehen,
> dann wird es werden wie ein Fest.
> Und lass dir jeden Tag geschehen
> so wie ein Kind im Weitergehen
> von jedem Wehen
> sich viele Blüten schenken lässt.

»Man schaut in die Welt«, sagt Axel, »guckt, mit wem man spielen kann. Und hütet sich vor all jenen, die einen maßregeln wollen oder gar erziehen. Das sind die Spielverderber, von denen man sich fernhält.«

Als wir gemeinsam in diesen Urlaub fuhren, war ich gerade einmal siebzehn Jahre alt. Wie schafft Axel es, frage ich ihn, dass ihn dieses Spießbürgerliche nicht überkommt. »Tut es doch!«, sagt er. »Ich bin auch oft schlecht gelaunt und nehme Dinge ernst, die man besser nicht ernst nimmt.« Sein bestes Korrektiv sei vermutlich seine Frau Judith, die dann sagen würde: »In diesen Mann habe ich mich aber nicht verliebt.« »Das Leben ist nicht immer leicht, dieser Illusion darf man sich auch nicht hingeben«, sagt er. »Aber es hilft einem und allen um sich herum, es dennoch leichtzunehmen.«

»Dein Leben ist das Reisen – in jeder Hinsicht«, sagt Axel, bevor wir unser Gespräch beenden. »Du reist auch zu verschiedenen Aufgaben und Leidenschaften, du hast gemodelt, dann fotografiert, danach das Schreiben entdeckt und so weiter. Was heißt aber Reisen? Neue Menschen kennenzulernen, ein Gespür für sie zu entwickeln. Das ist eine Gabe, das ist dein Auftrag an die Welt, die dich umgibt.«

Tatsächlich umschreibt das eine Art Lebensfrage für mich: Kann man viele Menschen kennenlernen und immer wieder zu neuen, spannenden Persönlichkeiten weiterreisen, ohne die anderen zu vernachlässigen oder gar zu verraten? Ohne oberflächlich zu sein? Es ist nicht nur meine große Aufgabenstellung, sondern die für uns alle, die an der digitalen Weltvernetzung teilhaben. Was rate ich euch? Ich weiß es nicht. Doch, ich rate euch, die Frage stets mit euch mitzunehmen und nie zu vergessen.

Das Gedicht von Rilke an der Wand über »die Blüten des Lebens«
endet übrigens so:

Sie aufzusammeln und zu sparen,
das kommt dem Kind nicht in den Sinn.
Es löst sie leise aus den Haaren,
drin sie so gern gefangen waren,
und hält den lieben jungen Jahren
nach neuen seine Hände hin.

DIESE SELTSAME IDEE VON HEIMAT, IDENTITÄT UND HERKUNFT

»Better to take pleasure in a rose
than to put its root under a microscope.«
(Oscar Wilde)

Kaum etwas erscheint mir bedeutsamer im Leben als die Freiheit. Dieses wunderbare Bewusstsein, ohne unnötige Zwänge existieren zu dürfen. Natürlich weiß ich, dass das Gefühl von Freiheit immer ein Stück weit Illusion ist. Wir alle sind Regeln unterworfen, nicht zuletzt jener, die Freiheit der anderen zu achten, die zwangsläufig zur Einschränkung der eigenen führt. Eine Beschneidung, die ich nicht bloß akzeptiere, sondern für die ich jederzeit kämpfen würde. Vielleicht heilige ich auch deshalb so sehr den Moment als solchen. Völlige Freiheit existiert für jeden von uns nur in den Augenblicken, in denen wir uns von den Gegebenheiten unseres Daseins lösen können. In jenen Sekunden, in denen wir unsere Augen schließen und uns vorstellen, fliegen zu können, ist es egal, ob wir dick sind, Storchenbeine haben oder im Rollstuhl sitzen.

Und trotzdem beunruhigt mich die Vorstellung, dass wir alle im Gefängnis unseres eigenen Ichs festsitzen. In den vergangenen Jahren haben uns immer wieder Wissenschaftler darüber belehrt, dass selbst der freie Wille bloß Ergebnis eines Selbstbetrugs sei. In Wahrheit seien wir alle lediglich das Ergebnis unseres über Jahrhunderte hinweg zufällig zusammengepanschten Gencocktails, und alles Tun und Handeln folge einem davon vorgeschriebenen Zwang. Eine grässliche Vorstellung. Wohin wir gehen, sei weniger eine selbstbestimmte Entscheidung als das stumpfe Abschreiten einer längst vorgegebenen Richtung, die durch die Wege unserer Vorfahren eingeschlagen worden sei. Glücklicherweise haben sich auch schnell andere Wissenschaftler gefunden, die dazu eine Gegenthese aufgestellt haben. Thanks for that.

Vor ein paar Monaten bin ich im Internet auf eine Seite gestoßen, auf der man seine genetische Abstammung untersuchen lassen kann. Es ist ein amüsantes und offenbar beliebtes Spiel, viele posten ihr Ergebnis belustigt in den sozialen Medien. Man bekommt ein Abstrichset zugeschickt – ähnlich dem Corona-Schnelltest –, lässt das Wattestäbchen über den Gaumen und die Innenwangen gleiten und schickt das mit Spucke getränkte Utensil nach Amerika.

Zwei Wochen später hat man dann das Ergebnis im Mail-Postfach. Ich war ziemlich enttäuscht, als ich meines sah. In Modeltagen wurde ich wegen meiner braunen Locken oft gefragt, ob ich griechische oder italienische Vorfahren hätte. Aber in meinen Genpool, so las ich nun schwarz auf weiß, hatte sich offenbar nicht einmal ein kleiner italienischer Urlaubsflirt irgendeiner Urgroßmama eingeschlichen. Ich bin ein hundsordinärer Mitteleuropäer mit ein bisschen Balkananteil – behauptet das Institut. Zu 2,4 Prozent, heißt es in dem Attest, sei allerdings aschkenasisches Judentum in mir vorhanden, aber das ist kaum der Rede wert.

Meinem Wesen als Traumtänzer oder passioniertem Luftikus ist es geschuldet, dass ich nie wirklich hinterfragt habe, wieso ich so geworden bin, wie ich bin. Und was das mit meiner Familie zu tun haben könnte. Erst heute, im Rückblick, fällt mir auf, dass sich manches, wofür ich heute stehe, bereits angekündigt hatte.

Als ich zehn Jahre alt war, bekam ich plötzlich einen Großvater. Ich wusste, dass andere Kinder über zwei Großelternpaare verfügten, bei mir gab es bis dahin nur eine Oma und einen Opa – jeweils auf einer Elternseite. Die Mutter meiner Mama war schon vor meiner Geburt gestorben, von ihr wusste ich lediglich, dass sie eine Bäckerei betrieben und leidenschaftlich Rosen gezüchtet hatte. Aus dem Verbleib von Oma Mariannes Ehemann machte man in meiner Familie ein kleines Geheimnis. Wobei das nicht ganz stimmt: In der Familienbibliothek standen Bücher, die ein gewisser Henno Lohmeyer verfasst hatte – etwa eine Biografie über den berühmten Verleger Axel Cäsar Springer. Es wurde manches über diesen Henno geraunt, etwa dass er die Beatles persönlich kennengelernt und zu Recherchezwecken mit Obdachlosen im Abwassersystem von New York gelebt hätte. Und dass er nach Oma Marianne mit der Schauspielerin Anita Kupsch, die unsere Eltern aus einer Serie der Achtziger- und Neunzigerjahre mit dem Titel *Praxis Bülowbogen* kannten, verheiratet war. Henno Lohmeyer existierte als Legende, eine Art Sagenfigur, genauso gut hätte man mir über meinen Verwandtschaftsgrad zu einer der Figuren aus meinen Kinderbüchern berichten können. Er war ein fernes Faszinosum, über das man keine Fragen stellte.

Nun aber rief mein Vater die Familie zusammen und erklärte, dass wir – sofern wir das wollten – unseren Großvater kennenlernen durften. Henno war im »Bayerischen Hof«, dem feinsten Hotel Münchens, abgestiegen und hatte nach vielen Jahren die

Lust verspürt, seine alte Familie wiederzusehen – im Falle von uns Kindern: kennenzulernen. Uns war das Ausmaß dieses Angebots nicht bewusst, uns erschien allein die Idee verlockend, in so ein Luxushotel fahren zu dürfen. Mein Onkel Stephan war über die Einladung empört und fand es geradezu abwegig, diesem Wunsch Folge zu leisten. Erst jetzt verstand ich, dass dieser Henno für manches Familienmitglied nicht bloß ein schillernder Name auf alten Buchrücken und Zeitungsausschnitten war. Sondern ein Vater, der sich von einem Tag auf den anderen aus dem Staub gemacht und Marianne mit Kindern, Hof und alter Mühle allein gelassen hatte. Wir wollten ihn trotzdem treffen – und obendrein dieses Luxushotel sehen.

Der »Bayerische Hof« übertraf all meine Vorstellungen. Als Model logierte ich später in den abgefahrensten Grandhotels der Welt, durfte in Mexiko sogar einmal in einer Suite schlafen, in der Leute wie Bill Gates, Madonna oder Kendall Jenner relaxen. Aber kein Hotel der Welt strahlte je wieder so viel Luxus für mich aus wie der »Bayerische Hof« im Jahr 2000. In der Lobby herrschte geschäftiges Treiben, ich stellte mir vor, dass die schillernden Persönlichkeiten, die da ankamen, russische Oligarchen mit ihren jugendlichen Begleiterinnen in Papageienfederroben waren oder ostasiatische Prinzen mit Lkw-Ladungen an Koffern oder zumindest glamourös aufgerüschte deutsche Vorabendseriendarstellerinnen. Ich fragte mich bei jedem der Herren, die nach und nach aus der eleganten Drehtür schlüpften, ob dieser oder jener mein Großvater Henno Lohmeyer sein könnte – bis dieser tatsächlich die Halle betrat.

Er war ein geduckter, etwas zerknitterter Mann, der sich vom Rest der illustren Gesellschaft vor allem dadurch unterschied, dass er eher unauffällig wirkte. Und doch wusste ich sofort, dass dieser Mensch mein Vorfahr sein musste. Es klingt seltsam, aber ich meinte deutlich zu spüren, dass sich die im Raum vorhandene Lohmeyer-Familie in jenem Moment auf merkwürdige Weise zu einer Gesamtheit komplettierte.

Ich ging auf ihn zu und umarmte den Unbekannten als Erster, dann tat es mir mein Vater gleich. Ich habe erst viel später begriffen, was für ein ungewöhnlicher Moment es für Papa gewesen sein musste, schließlich sah er seinen Vater nach Jahrzehnten zum ersten Mal wieder. Als dieser ihn zurückgelassen hatte, war er fünf, also etwa halb so alt wie ich damals. Während der Autofahrt unterhielten sich die beiden über Nebensächliches, etwa darüber, dass der berühmte Henno, der schließlich die große, weite Welt gesehen hatte, nicht schwimmen konnte. Das machte mich stolz, ich konnte nämlich sehr gut schwimmen.

Nachdem wir an der alten Mühle angekommen waren, saßen wir alle – außer Onkel Stephan natürlich – im großen Wohnzimmer von Oma Marianne, die ein Jahr zuvor verstorben war. Ich erinnerte mich, dass sie hier zeitlebens ein Foto des jungen Henno in einer Uniform stehen gehabt hatte, nun aber war es verschwunden. Wir nahmen Platz, und Henno sagte, dass er wohl einiges falsch gemacht habe, und alle nickten. Dann durften wir ihn über sein abenteuerliches Leben ausfragen, und Henno ließ sich nicht zweimal bitten. Ich kann mich nicht mehr an viele Details erinnern, es ging um das sagenhafte »blue grass« von Kentucky, wo er nun wohnte, auf dem seine Rennpferde weideten. Viel mehr als seine Geschichten faszinierte mich sein merkwürdiges Deutsch, das inzwischen einen starken amerikanischen Akzent angenommen hatte.

Am spannendsten fand ich allerdings, dass Henno unter seinen zahlreichen Karrieren, die seinen Lebensweg pflasterten, auch die eines Fotografen eingeschlagen hatte. Mir wurde klar, dass die vielen Schwarz-Weiß-Fotografien, die in den Häusern meiner Familie hingen, von ihm stammten. Auf einem der Bilder waren traditionelle afrikanische Trommler zu sehen, die mich in ihrer Intensität immer beeindruckt hatten. Auf einem anderen sah man einen stolzen Marokkaner mit weißem Turban.

Dass er auch Moderator einer eigenen Fernsehshow gewesen war, in der längst verblasste Berühmtheiten wie Peter Ustinov, Lilli Palmer und Marika Rökk aufgetreten waren, sagte mir nichts. Ich kannte keinen dieser angeblich weltbekannten Namen. Wir staunten den ganzen Nachmittag über jenes Weltwunder, das da plötzlich über uns gekommen – und obendrein unser Opa – war. Nachdem wir erfahren hatten, dass es aus seiner ebenfalls längst geschiedenen Ehe mit der Schauspielerin Anita Kupsch eine Tochter gab und ich also auch noch eine neue Tante hatte, ging es wieder nach München zurück. Und Henno Lohmeyer war wieder für einige weitere Jahre hinter der glamourösen Drehtür des »Bayerischen Hofs« verschwunden.

Womit wir bei einem etwas heiklen Thema sind: Unter US-Amerikanern, die die MyHeritage-Plattform erfunden haben, ist es ein herrlicher Spaß, nachzugucken, welcher Mischmasch durch die eigenen Gene schwappt. Wir Europäer haben aber unsere fürchterliche Geschichte, was die Erkundung der eigenen Abstammung anbelangt. Schon lange vor den mörderischen Nationalsozialisten waren die Deutschen und auch andere Europäer in die Idee vernarrt, menschliche Rassen zu erforschen, mit grotesken Geräten Gesichtsformen und Hautfarben zu erkunden und Menschen dadurch zu klassifizieren. Meine Lebensgrundhaltung war und ist immer die Unbeschwertheit gewesen, der tiefe Wunsch, unvoreingenommen gegenüber jedem zu sein, der mir begegnet. Das Dumme daran ist, dass das ein guter, aber auch naiver Gedanke ist.

Als meine Freundin Amina, die ebenfalls ihre Spucke an das amerikanische Labor geschickt hatte, ihr Testergebnis zurückbekam und sich darin die halbe Welt widerspiegelte, war ich neidisch. Da winkten Vorfahren diverser Völker unterschiedlicher Kontinente heraus. Es ist aber wohl bescheuertes Millennial-Denken, das für ausschließlich cool zu halten. Schließlich leben wir immer noch in einer Welt, in der Abermillionen Menschen wegen exakt dieser Buntheit diskriminiert werden. Die selig machende Naivität, mit der wir alle gerne durch die Welt gehen würden, wird schnell zu Gedankenlosigkeit und Ignoranz. Ich durfte jahrelang kreuz und quer über den Globus reisen und mich unendlich vielen Menschen unterschiedlichster Prägungen, Kulturen und Hautfarben öffnen und mit ihnen Freundschaft schließen. Es hat einige Zeit gedauert, bis ich begriffen habe, dass diese Zwanglosigkeit nicht der Normalfall ist, sondern ein Privileg.

Mein Leben spielte sich hauptsächlich in einer knallbunten, fröhlichen Konsensrealität ab, in der Hautfarben keine Bedeutung haben. Das ist eine extrem gute und schöne Welt, die aber bloß in ihrer Bubble funktioniert. Sie endet immer in jener Sekunde, in der zufällig ein Rassist vorbeikommt und seinen zerstörerischen Blick auf unsere kleine polyglotte Gemeinde wirft. Vielleicht hat mich auch deshalb das Ergebnis meines Gentests so verunsichert. Denn ich wusste, dass in meinem multikulturellen Freundeskreis ich derjenige sein würde, auf den sich selbst der hinterletzte Nazi einigen könnte. Ich bin der, den die Rassisten – zumindest aufgrund seiner bloßen Existenz – nicht hassen würden.

Als Zehnjähriger hatte ich noch keinen Gedanken an meine Herkunft verschwendet. Als Kleinkind steckte man mich in eine Babytrachtenlederhose, die vor mir schon Lohmeyer-Kinder getragen hatten und die heute noch den Kleinen meiner Cousine angezogen wird. Wir Bayern inszenieren uns als so etwas wie die Aborigines Mitteleuropas, die Massai der Alpen. Touristen kommen und bestaunen unsere alten Stammesriten. Wobei es natürlich etwas merkwürdig ist, sich als eine Art zünftiges Ureinwohnervölkchen zu stilisieren, wenn man nebenher Konzerne wie Siemens und BMW betreibt. Ich habe die bayerische Tradition lange als eine bodenständige Normalität verstanden, die auch mit einem modernen, weltoffenen Zeitgeist harmoniert. Aber das stimmt nur bedingt, das Bayerische kann auch ein klein wenig – nun ja, sorry Folks – primitiv sein. Etwa wenn die bayerischen Silberrücken mit ihren glitzernden Charivaris an den dicken Bierbäuchen und aufwendig bestickten Trachtenlederhosen ihre gesellschaftliche Stellung als Stammesälteste behaupten. Dieses ewige »Mia san mia« wirkt dann doch meistens überheblich und von sich selbst eingenommen.

Jedes bayerische Kind wird mit diesem Denken konfrontiert, sobald es sich für Fußball zu interessieren beginnt. Die Welterfolge des FC Bayern München sind für die ländliche Bevölkerung unseres 13-Millionen-Einwohner-Freistaates schlichtweg eine Überforderung. Mich hat es immer gewundert, dass mein Vater Anhänger der »Sechzger« war, des kleinen Münchner

Loserklubs, der es selten zu etwas wie Meistertiteln gebracht hat. Dabei gehört es vermutlich zu einer der wichtigsten Etappen einer Charakterbildung, mit Niederlagen umgehen zu lernen. Ein Lehrstück, das den FC-Bayern-München-Anhängern viel zu selten zuteilwird. Zum Leidwesen meines Vaters verehrte ich als Kind den erfolgsverwöhnten Weltstarverein, nicht seine geliebten Vorstadtkicker. Er erwies sich aber auch in diesen Belangen als großmütiger Vater und begleitete mich zu den Spielen des verhassten Premiumklubs. Sogar wenn dieser in einem Derby seinen geliebten Underdog-Spielern aus München-Giesing gegenüberstand und sie haushoch vom Platz fegte.

Das Bayerische kommt manchmal wie eine Macht daher, vielleicht auch eine Übermacht. Nicht bloß wegen des Fußballs, sondern auch wegen der nicht selten patzigen Minister, die das Land in die Bundeshauptstadt entsendet, und wegen seines generellen Hangs zu Superlativen – wie dem größten Volksfest der großen, weiten Welt und den vielen DAX-Konzernen. Dabei gibt es diese herrliche Liberalitas Bavariae, die wir vielleicht aus unseren multikulturellen Zeiten, als hier die alten Römer walteten, herübergerettet haben. Auch wenn wir sie in unserer Geschichte leider schmählich vergessen und verdrängt haben.

Nachdem ich mein Abitur bestanden und ganze zwei Wochen an der Münchner LMU mit dem vorgeblichen Studium von Spanisch und Italienisch auf Lehramt verbracht hatte, schickte mich mein Modelbooker Carsten nach Kapstadt. »Simon, du bist der perfekte Modelhippie mit dem Surfboard oder einer Gitarre in der Hand«, sagte er und versprach mir erste lukrative Jobs in der südafrikanischen Modelbranche. Tatsächlich war ich weder Surferboy, noch konnte ich mehr als drei Akkorde auf einer Gitarre spielen – aber das ist fürs Modeln auch völlig irrelevant.

Die ersten Wochen in meiner Kapstadter Model-WG waren befremdlich. Mit neunzehn war ich der Jüngste unter den feschen Jungs und Mädels, die alle um die dreißig waren, sich von Sushi und Shisha-Pfeifen ernährten und die VIP-Podeste in Nachtklubs schmückten. Ich fragte mich, wofür die sich alle so feierten, aber genoss den ungezwungenen Lebensstil. Bald wurde mir bewusst, was für eine Landpomeranze ich war, mein bayerisches Schulenglisch amüsierte die neuen Freunde, aber ich genoss so etwas wie Welpenschutz.

Wir weißen Expats besaßen völlige Freiheit, außer dass wir in unserer Bubble zu bleiben hatten. Südafrika galt als gefährliches Pflaster, keiner kam nur im Traum darauf, sich aus unserer Komfortzone zu bewegen. Mich reizte es allerdings sehr, und es dauerte nicht lange, bis ich mich mit Menschen angefreundet hatte, die mich daraus befreien sollten.

Das erste Erlebnis fand auf einer Busfahrt statt, als ich nach einem fröhlichen Nachmittag in einer Bar trotz intensiver Warnungen in eines der gefürchteten »Black Cabs« stieg – Busse, in denen ausschließlich Schwarze unterwegs waren. Für 5 Rand kann man theoretisch eine große Kapstadt-Rundfahrt machen, was man als Ausländer allerdings keinesfalls tun sollte, hieß es. Ich landete in dem völlig überfüllten Fahrzeug auf dem Schoß eines uralten Mannes, der darauf bestand, mich zu ihm zu kuscheln, anstatt blöd in dem Bus rumzustehen. Ich stutzte natürlich etwas, aber spürte, dass es sich um einen Akt der Freundlichkeit handelte, und nahm das Angebot dankend an.

Die Warnungen, als Weißer in das »Black Cab« zu steigen, waren völlig unnötig. Ich war kein potenzielles Opfer, sondern eine Attraktion. Zum ersten Mal hörte ich die autochthone Sprache Südafrikas namens isiXhosa, die sich für mich wie Schnalz- und Schmatzgeräusche anhörte. Der Fahrer drehte sich ständig zu mir um und begann mit mir zu reden. Glücklicherweise sprach der Gute auch Englisch, und so konnten wir uns wunderbar über seine Götter und die Welt unterhalten. Der Bus wurde immer leerer und leerer, und ich merkte, dass ich den ganzen weiten Circle bis zur Endstation gefahren war. Und damit genau dorthin, wovor man mich eindringlich gewarnt hatte.

Der Fahrer lugte unter seinem schneeweißen Turban hervor, und sein breites Grinsen offenbarte ein schon reichlich ausgedünntes Gebiss. Ich stutzte und überlegte, ob die Situation vielleicht etwas Bedrohliches hatte. Die Szene hätte durchaus dazu getaugt, eines der durchweg rassistischen Kinderbücher, die noch die Generation meiner Eltern in den Siebzigern zu lesen bekommen hatte, zu illustrieren. »Und, was machen wir jetzt, young boy?«, fragte er. Ich weiß nicht, ob es wirklich in jeder Lebenslage hilft, aber mir hat es bisher immer geholfen: Ich antwortete ihm mit einem Schulterzucken und einem unschuldigen, freundlichen und hochgradig ehrlichen Smile. Misstrauen ist ja manchmal hilfreich, aber irgendwie passt es nicht zu mir. »Ich habe eine Idee«, sagte er. »Es war doch eigentlich ganz lustig, also lass uns die Strecke einfach wieder zurückfahren und weiterquatschen«, schlug er vor. Und so gondelten wir beide durch die Nacht und redeten weiter über alles Mögliche. Die kommende Fußball-WM, die letzten Morde, die am Strand verübt worden und Stadtgespräch waren, Schwulenverfolgung,

Mandela und die Zeit der Apartheid sowie seine etwas kruden Theorien, dass 9/11 eine riesengroße Inszenierung der Amerikaner gewesen sei. Es ist eigentlich auch egal, was wir beredeten. Die wichtigste Erkenntnis war für mich, dass der alte Louis Armstrong wohl recht gehabt haben muss, als er sang:

>»When you're smiling
the whole world
smiles with you.«

Das ist schrecklich naiv? Na, aber sicher ist es das. Ich weiß wirklich nicht, ob das als Rezept für die Realitäten anderer Menschen tauglich ist, aber mir hat es stets geholfen, mit einem gewissen Grundvertrauen durchs Leben zu gehen. Was nicht bedeutet, treudoof zu sein. Mein Vater hat mir mitgegeben, nie misstrauisch, aber wie Mad-Eye Moody – jene Figur aus den Harry-Potter-Büchern, die wir oft gemeinsam als Hörbücher gehört haben – »immer wachsam« zu sein.

Meine nächste südafrikanische Bekanntschaft, mit der ich mich gegen alle Ratschläge und eindringlichen Warnungen angefreundet hatte, hieß Bulelani. Er arbeitete als Fahrer von Rikkis Share Cab, und er erzählte mir von den berüchtigten Townships, wo er lebte. Ob er mich dorthin einmal mitnehmen könnte, fragte ich Bulelani. Er musterte mich prüfend, dann sagte er: »Klar, wenn du ein Sixpack Bier besorgst, nehme ich dich mit, und wir machen uns einen lustigen Abend.« Ich wusste, dass Bulelani ein schlimmer Finger sein konnte, er hatte wegen Autodiebstahls im Gefängnis gesessen. Aber trotzdem vertraute ich ihm.

Als wir nach weniger als einer Stunde Fahrt in Gugulethu, einer der großen Townships Kapstadts, angekommen waren, traute ich meinen Augen nicht. Niemals zuvor hatte ich vollere Straßen gesehen als dort. Tausende von Menschen tummelten sich, so weit das Auge reichte, irgendwo brannten Feuer, ohne dass sich je eine Feuerwehr aufmachte, diese zu löschen. Wie auch, es gab kaum fließend Wasser. Wir kamen zu einer Blechhütte, in der acht Menschen lebten. »Du weißt, dass ich schon für weniger getötet habe, als du gerade am Körper trägst«, scherzte ein Mann mit einem großen, weiß glänzenden Gebiss und lachte. Ich zog meine Wunderwaffe, indem ich wiederum zurücklächelte. »Er macht nur Witze«, sagte Bulelani, haute mir auf die Schulter und fügte hinzu: »Auch wenn es nicht ganz unwahr ist, was er sagt.«

Die Jungs fanden es lustig, mit mir einen ungewöhnlichen Gast zu haben, und brachten mir ihre ziemlich irren Tänze bei. Was hatten die bloß für eine Körperspannung und Körperbeherrschung. Doch als die Sonne unterging, merkte ich, wie sich eine große, allumfassende Depression über das ganze Viertel zu legen schien. Es wurden Gläser mit alkoholischen Getränken gereicht, die wie Spiritus schmeckten. Inzwischen war Bulelani, der lange lachend beobachtet hatte, wie ich herumhüpfte und mich in seinen Freundeskreis einfügte, immer betrunkener geworden und irgendwann ganz verschwunden. Auch mir begann dieser Fusel, den wir gekippt hatten, mehr und mehr zuzusetzen, und ich torkelte von einer Blechhütte zur anderen. Irgendwann klaubte mich eine von Bulelanis Bekannten in einer der Hütten auf, wo ich mich verquatscht hatte, und kümmerte sich darum, dass ich ein Taxi bekam, das mich zurück in meine Lebensrealität brachte. Das wilde Gewimmel von Gugulethu begegnete mir von da an immer wieder in meinen Träumen und ließ mich lange nicht mehr los.

Dass ich diese Geschichte so ausführlich erzähle, liegt weniger darin begründet, diese unerwartete Gastfreundschaft herauszustellen. Es geht mir eher darum, was danach geschah. Ich wollte mich bei Bulelani dafür bedanken, dass er mich so intensiv an seinem Leben hat teilhaben lassen, mir seine Freundschaft und Offenheit angedeihen ließ.

Also lud ich ihn in ein schickes Restaurant in der Waterfront Bay ein, in dem ich mit meinen Modelkumpels schon viele lustige Abende verbracht hatte.

Doch als ich mit Bulelani dort auftauchte und an den reservierten Tisch gehen wollte, trafen uns ekelhafte Blicke, die sich wie Nadelstiche anfühlten. Plötzlich sah ich in viele abschätzige Gesichter junger weißer Kapstädter, die mir bislang nur fröhlich und ausgelassen begegnet waren. Sie waren alle ungefähr in meinem Alter, also zur Welt gekommen, als die Apartheid in ihren letzten Zügen lag. Aber das Gift muss noch tief in ihre Herzen eingesickert sein. Bulelani und ich versuchten, es zu ignorieren und trotzdem eine gute Zeit zu verbringen. Aber der Abend hatte seine Unschuld verloren. Ich lernte, dass es nicht an der Hautfarbe liegt, zu welcher Seite man gehört, sondern an der Farbe deines Karmas. Und das der weißen Jungs, die dort saßen, war fürchterlich finster.

Allerdings bestimmte nicht nur die Hautfarbe, wie man in Kapstadt behandelt wurde, sondern auch der soziale Status. Bei einem der ersten Modeljobs, wo ich tatsächlich auf einer Gitarre herumklimpern sollte, traf ich auf Marybeth. Sie war Amerikanerin und hatte von ihrer Mutter eine elegant schwarz schimmernde Haut geerbt. Marybeths Mum war – wie ich bald erfahren durfte – von erhabener Abstammung. Sie kam aus Nigeria und war dort eine Art Stammesoberhaupt. Für ein erfolgreiches amerikanisches Model aus gutem Hause galt die rassistische Verachtung der weißen Burenboys offenbar nicht.

Auch Marybeth belächelte mein ungelenkes Englisch, aber ich war so sehr in sie verschossen, dass ich innerhalb weniger Wochen nicht nur ihren eleganten Akzent imitieren und mich nahezu perfekt ausdrücken konnte, ich träumte sogar in Englisch. Jedes Wort, das ich in ihrer Muttersprache sprechen konnte, erzeugte ein Glücksgefühl in mir, schließlich war es die ihre. Wir waren schnell ein Paar geworden, und als sie drei Monate später nach New York zurückkehrte, beschloss ich, ohne lange zu überlegen, mit ihr zu kommen.

Ich zog bei ihr ein – und schlitterte in mein nächstes Abenteuer, denn Marybeth lebte inmitten der großen schwarzen Bronx. Schon während unserer ersten Fahrt mit der Subway hockte sich ein riesiger Berg an Muskeln uns gegenüber und starrte uns an. Ihm gefiel es offenbar ganz und gar nicht, dass so ein kleiner Weißer mit Lockenkopf sich an diese afroamerikanische Schönheit kuschelte. Meine Wunderwaffe versagte vollends. Als Antwort auf mein unschuldiges Lächeln fuhr er sich bloß mit dem Daumen einmal quer über den Hals, was nichts Freundliches bedeuten sollte. Dann stieg er aus.

»Warum muss es im 21. Jahrhundert immer noch so rassistisch zugehen?«, fragte ich Marybeth. Sie guckte mich prüfend an. »Er war nicht rassistisch dir gegenüber«, antwortete sie mit ernstem Unterton. »Er hat nicht dich gemeint, sondern Europa, die Generationen von Sklaventreibern, die für ihn nun einmal so aussehen wie du, all die beschissenen Demütigungen, die er sein ganzes Leben lang von Menschen deiner Hautfarbe erfahren musste. Er war nicht von sich aus böse auf dich, er hat bloß geantwortet.« Ich erinnerte mich an den Abend in Kapstadt, und mir wurde bewusst, wie groß die Freundlichkeit und Freundschaft Bulelanis mir gegenüber gewesen war. Auch er hätte Grund genug gehabt, mich meiner Hautfarbe wegen zu verurteilen. Er hat es aber nicht getan.

Marybeth und ich blieben noch eine ganze Weile ein Liebespaar. Ihr Vater war angeblich Agent des MI6, also britischer Spion. Er hatte mich einmal regelrecht bedroht, er würde mir eines seiner Killerkommandos auf den Hals hetzen, falls ich seine Tochter je verletzen würde. Alles in allem keine ideale Atmosphäre für eine Liebesbeziehung. Es war schließlich Marybeth, die mich verließ, wenn auch nicht verletzte. Als letzten Liebesdienst machte sie ihrem Vater klar, dass nicht ich sie sitzen gelassen hatte, sondern sie mich.

Wir waren zuvor gemeinsam nach München geflogen, um hier für einige Zeit zu leben und auch, damit sie meine Heimat kennenlernte. Sie wurde mit offenen Armen empfangen, meine Freunde staunten über diese Schönheit, die sich an meine Seite begeben hatte. Doch Marybeth fand München klein und provinziell. Und irgendwie übertrug sich ihre Ablehnung gegenüber diesem bayerischen Seppelland auch auf mich, wir blieben einander jedoch zumindest in Freundschaft verbunden.

Ich denke manchmal fasziniert an die Zeit mit Marybeth zurück, der ich so viel zu verdanken habe. Und sei es nur, so irre schnell Englisch gelernt zu haben. Bis heute spreche ich ein klein wenig diesen Akzent, den ich von ihr gelernt habe. So viel wird wohl immer von ihr bei mir bleiben.

WIE MAN SEINE HERKUNFT ALS CHANCE BEGREIFT, UM SICH VON IHR FREI ZU MACHEN

MIT MEINEM OPA HENNO

Zum ersten Mal in diesem Jahr habe ich den Holzofen in meinem Zirkuswagen angefeuert. Es ist Anfang September, und in den vergangenen Tagen war es noch richtig warm. Nun prasselt seit Stunden ein wilder Regen über Bruck hernieder. Morgen früh wird sich unsere normalerweise friedlich dahinplätschernde Moosach über den Hang ausgebreitet und die Wiese meiner Tante überschwemmt haben, was die beiden Hängebauchschweine, die da unten wohnen und einen trockenen Lebensraum schätzen, traditionell sehr empört.

Ich habe es mir gemütlich gemacht, um einen besonderen Anruf zu tätigen. Nach einiger Zeit will ich wieder einmal Kontakt mit Opa Henno aufnehmen und habe mit ihm ein Telefonat vereinbart. Neunundachtzig ist er jetzt. Ein herkömmlicher Großvater ist er natürlich trotz mehrfacher Zusammentreffen nie für mich geworden. Einmal habe ich ihn in den Vereinigten Staaten besucht und seine inzwischen dritte Familie kennengelernt. Was mich damals sehr überrascht hat, ist der Umstand, dass Henno als Mitglied einer liberal-jüdischen Gemeinde und gläubig lebt. Ob ich ihm erzählen soll, dass ich einen Gentest gemacht habe – und wir demnach eher keine jüdische Abstammung haben? Hennos Vater, also mein Urgroßvater, ist als Kommunist ins Konzentrationslager gekommen und hat nur mit viel Glück überlebt. Henno ist fest davon überzeugt, dass er auch wegen einer jüdischen Abstammung dorthin verschleppt wurde. Doch ich beschließe, das Thema ruhen zu lassen.

Der Regen trommelt inzwischen lautstark auf das Dach des Zirkuswagens, es dauert etwas, bis die Verbindung zustande kommt. Dann meldet sich Henno in seinem Exilantendeutsch mit diesem wunderbaren amerikanischen Einschlag. »Hello Simon, are you there?« Es ist stets dasselbe, der alte Henno wirkt etwas aufgeregt, wenn er nach seiner spannenden Biografie befragt wird. Er beginnt sofort wild aus seiner Lebensgeschichte zu erzählen. Von seiner Freundschaft mit dem Verleger Axel Cäsar Springer, seiner Zeit bei Magazinen wie *Quick* und *Neue Revue* und als stellvertretender Chefredakteur einer der ältesten Tageszeitungen Deutschlands, der Berliner *B.Z.* Und wie er zum Fernsehen kam, jahrelang eine große Talkshow moderierte, und, und, und. Dann feuert er wieder diese Namen ab, deren Ruhm heute etwas verklungen ist, die früher aber jeder kannte: Walter Giller, Nadja Tiller, Peter Alexander, Peter Ustinov ... In Hennos Welt sind das alles immer noch Weltmarken, gigantische Größen.

Ich lausche seinen Ausführungen, dann aber bitte ich ihn, eine Frage stellen zu dürfen. Henno stutzt. »Natürlich, Simon, entschuldige, nun bin ich etwas ins Schwärmen geraten«, sagt er. »Raus mit der Sprache!« Es gibt tatsächlich eine Sache, die ich von ihm wissen will: Nämlich, ob er glaubt, dass das, was ich mache, und das, was er im Leben vollbracht hat, in einem

Zusammenhang stehen. Gelernt habe ich freilich nichts von ihm, dafür war er zu spät und zu spärlich in meinem Leben präsent. Liegt es möglicherweise in den Genen, dass wir ähnlichen Berufen und Leidenschaften nachgehen? Nicht bloß das Fotografieren, ich habe sogar, wie er, eine Art Talkshow gehabt. Für mein YouTube-Format *Supertramp: abgetaucht* des Lifestylemagazins *GQ* habe ich Prominente zu einem Gespräch in meine Badewanne eingeladen.

Am anderen Ende der Leitung knistert es etwas, ansonsten ist es einige lange Momente still. Dann sagt Henno: »Ich weiß es nicht. Ich habe selbst aus der gleichen Intention heraus unter meinen direkten Vorfahren geforscht, aber da war kein Hinweis auf Talent!« Seine Mutter, sagt Henno, sei eine einfache Bauerntochter gewesen, sein Vater ein unehelicher Spross einer jüdischen Familie, von Beruf Elektriker – »aber immerhin Kommunist«. Er habe kein Vorbild gehabt, sondern nur den Drang, sich aus seinem kleinbürgerlichen Milieu in Kempten im Allgäu zu emanzipieren. »Ich hatte keinerlei künstlerische Ambitionen damals«, sagt er. »Ich wollte Journalist sein und habe halt einfach selbst die Fotos gemacht, so fing es an.« Das ist interessant, aber bezüglich meiner Frage bringt es mich nicht weiter.

Bedeutet ihm denn seine Herkunft noch etwas? Fühlt er sich noch immer als Bayer nach all den Jahrzehnten? Wären wir beide andere geworden, wenn wir in Hamburg oder Bukarest aufgewachsen wären? »Es muss etwas geben, was uns zu den Linien zurückführt, die es lange vor uns gegeben hat«, sagt er. »Sonst würde ich heute nicht jüdisch leben, obwohl mir das als Kind niemand vermittelt hat.« Aber – Jude hin oder her – ab und an genehmigt er sich einen guten und nicht ganz koscheren Schweinsbraten. »Das sieht der Herr einem gestandenen Bayern nach, da bin ich mir sicher!«, sagt er. Ansonsten möge die Herkunft nicht mehr sein als ein möglichst gut aufgespanntes Trampolin. »Von dem man weit und hoch springen kann.«

Eines interessiert mich noch: Welches Bild hatte Henno damals von mir, als er mich im »Bayerischen Hof« kennengelernt und später immer mal wieder getroffen hat? Was hat er in mir gesehen, gab es Anzeichen dafür, was aus mir einmal werden würde? In der Handyverbindung nach Kentucky herrscht wieder für eine halbe Minute Stille. Dann sagt er: »Du hast Edelsteine gesammelt, nicht wahr?« Ich nicke, was er am Telefon natürlich nicht sehen kann, und rufe: »Stimmt!« Selbst als 89-Jährigem, der in der Einöde in Kentucky sitzt, sei ihm eine Sache stets präsent, die ihn in seinem ganzen Leben angetrieben habe: »Die Neugier! Und das ist vielleicht etwas, was du tatsächlich von mir hast. Deine Edelsteine als Kind, die Scherben aus der Moosach, die du geborgen hast ... Das ist mir immer schon aufgefallen, dass der kleine Junge, der mein Enkelsohn ist, neugierig wie ich selbst war.« Aber das reiche nicht, man müsse aus dieser Neugier etwas machen. »Und das haben wir vermutlich jeder für sich selbst allein aufgetan«, sagt Henno.

Das ist keine schlechte Ausbeute, denke ich mir. Die unersättliche Neugier als Familienerbe, immerhin. Was noch, Henno? Irgendeinen Rat, der es in mein weiteres Leben und in dieses Buch schaffen sollte? Knack, knack, macht es wieder irgendwo zwischen Kentucky und Oberbayern. Dann bricht die Verbindung ab.

Eine Minute später klingelt Henno erneut an und ruft ins Telefon: »Einen Rat habe ich tatsächlich, er klingt banal, und er ist das fürchterlichste Lebensmotto, das du dir zumuten kannst: Sei immer ehrlich, bleibe wahrhaftig. Selbst wenn es fürchterlich wehtut und sogar Freundschaften kostet.« Und dann sei da, nun ja, noch etwas. Aber er wisse nicht, ob er in diesen Angelegenheiten überhaupt einen Rat erteilen dürfe. »Na, nun raus damit«, sage ich. »Mein größter Fehler ist vermutlich gewesen, deine Großmutter Marianne verlassen zu haben«, beichtet Henno ins Telefon und formuliert seine daraus gewonnene Einsicht: »Überlege es dir gut, bevor du etwas oder jemanden aufgibst.«

Er habe einmal gesagt, dass er erkannt habe, manchmal ein Arschloch gewesen zu sein, sage ich und erschrecke dabei etwas. Er ist immerhin mein Großvater. »Hm, na ja, jaja, das stimmt«, sagt er. »Ist diese Selbsterkenntnis wichtig im Leben eines Menschen, das Arschloch, das irgendwann jeder einmal ist, selbst zu entlarven?«, frage ich nun noch eindringlicher.

»Die Faszination für Frauen, die wir beide teilen, hat mich manchmal, nun ja, etwas zu viel gekostet. Und zu vielen wehgetan ...«, sagt Henno kleinlaut. Er windet sich nun etwas. Welche Weisheit ließe sich daraus ziehen? »Ich weiß nur ...«, sagt er nun zögerlich, »... dass man nicht einsam sein sollte. Dass man es, auch wenn man es verbockt hat, erneut versuchen und hoffen muss, dass man es einmal wenigstens richtig macht.« Dann beginnt er von den großen Lieben zu schwärmen, die ihm das Leben trotz allem noch zugedacht hat. Der großen Opernsängerin, wegen der er in die USA gezogen war, die Malerin, mit der er seit drei Jahren zusammen ist, der Pferdezüchterin, mit der er seit zwölf Jahren zusammenlebt ... Irgendwann ist die Verbindung wieder weg, was er vermutlich gar nicht gemerkt hat. Und ich rufe nicht noch einmal zurück.

Henno hat mir ohnehin genug verraten. Und ich nehme aus dem Gespräch mit, dass wir auch jene Verwandten, die uns vielleicht nicht immer nah waren, an uns ranlassen sollten. Um gegenseitig zu bestaunen, was die Gene, die man teilt, bei dem anderen so gezaubert haben.

Das Schreiben, das Fotografieren, das Kreativsein habe ich nicht von ihm gelernt, auch nicht von ihm geerbt. Aber eines hat er mir nun doch beigebracht: Ein echtes Arschloch ist nur der, der es auch bleibt. Henno gehört nicht dazu.

WIE HEROIN WEIHNACHTEN ZERSTÖRTE UND ICH IN MEIN EIGENES LEBEN AUFBRACH

»Wir haben versucht, auf der Schussfahrt zu wenden.
Nichts war zu spät, aber vieles zu früh.«
(Herbert Grönemeyer)

Okay. Dieses Kapitel wird mir schwerfallen, aber da müssen wir jetzt gemeinsam durch. Es hilft nichts, es muss erzählt werden. Jeder Mensch hat vermutlich mit Vorurteilen zu kämpfen, so auch ich. Bei mir denken die Leute, dass mir alles leichtgefallen ist im Leben, dass immer alles irgendwie gelungen ist. Bayerischer Bub, Münchner Beau, immer gut ausgeschaut und fröhlich durchs Leben geglitten, wie ein heißes Silbermesserchen durch Sommerbutter. Ähnliches dachte ich auch von mir selbst: Wir waren eine gesunde, fröhliche Familie, hatten genug Geld, um Schulbücher zu kaufen, in den Urlaub zu fahren und zweimal im Jahr für 300 Mark im Kaufhaus Klamotten für uns Kinder zu kaufen, für die man sich in der Klasse nicht zu schämen brauchte. Mein Vater, meine Mutter, meine beiden Schwestern und ich wohnten zusammen in einer Vierzimmerwohnung in München-Giesing, vorn gab es einen hübschen Wintergarten, dahinter eine Terrasse sowie eine Grünfläche mit Pflaumenbaum und Teich. Meine Mutter arbeitete als Krankenschwester, Papa als Architekt. Ich wäre niemals auf die Idee gekommen, dass in dieser Familie schon seit Längerem der Wurm drin war. Der Wurm hieß: Heroin.

Ich erinnere mich noch an den Tag, als mein Bild von dieser Familie anfing, zu bröckeln. Es war der 24. Dezember, ein wunderbarer Weihnachtstag. Es roch nach Plätzchen, die im Ofen golden vor sich hin schimmerten, Mama bereitete Ente, Blaukraut und Knödel vor, das beste Essen des ganzen Jahres. Dafür musste sie nicht mit zur Kirche. Um 16 Uhr war in St. Wolfgang immer Kinderchristmette, ich war in dieser Kirche mehr oder weniger aufgewachsen. Wir waren keine sonderlich fromme Familie, aber typisch bayerisch-katholisch, ich sang sogar im Kirchenchor und durfte manchmal vor den vollen Kirchenbänken Soli singen: »Children, sing Hallelujah, Praise to the Lord above, God is Love.«

Als wir wieder zu Hause waren, hatte meine Mutter bereits die Wohnung festlich geschmückt, alles versprach ein schöner Heiliger Abend zu werden. Ich erinnere mich im Nachhinein nicht mehr, ob es vor oder nach der Bescherung passierte, aber meine Schwester hatte meiner Mutter etwas Ungeheuerliches berichtet, was sie bei einem Besuch bei Bekannten mitbekommen hatte: Man erzählte sich offenbar im gesamten Bekanntenkreis, dass mein Vater ein massives Drogenproblem habe. Und zwar nicht ein bisschen Kiffen oder so. Es hieß, er konsumiere seit Jahren Heroin. Wir drei Geschwister saßen gemeinsam im Elternschlafzimmer und hörten, wie im Nebenzimmer laut gestritten und geschrien wurde. Meine Mutter hatte ihn offenbar umgehend mit der Sache konfrontiert, und meinem Vater war bewusst geworden, dass es keinen Sinn mehr hatte, zu leugnen oder zu lügen.

Wir konnten es kaum glauben, schließlich hatten wir ein ziemlich genaues Bild von einem Heroinjunkie. Das waren doch

diese bemitleidenswerten »Druffis«, die am Münchner Haupt-
bahnhof gekrümmt auf dem Boden lagen. Wir hatten in der
Schule »Wir Kinder vom Bahnhof Zoo« von Christiane F. gelesen. Ich konnte mir schlichtweg nicht vorstellen, welche
Schnittmenge zwischen diesem Milieu und meinem Vater bestehen sollte. Offenbar war mein Vater jahrelang high gewesen,
wenn er uns Kinder ins Freibad gefahren oder abends mit uns
am Abendbrottisch gesessen hatte. Und wir hatten es nie gemerkt, auch meine Mutter hatte keine Ahnung gehabt.

Unsere kleine heile Familie lebte seit Jahren mit einer gigantischen Lüge. Wie wir erst später erfuhren, hatte ihm ein
Freund, der ganz und gar kein Freund gewesen war, wie wir nun
wussten, nach dem Tod von Oma Marianne, als es meinem
Vater richtig mies gegangen war, ein bisschen Heroin ange-
boten. Seitdem zog sich Papa tagtäglich das braune Pulver, das
schon nach einmaligem Konsum süchtig machen kann, in die
Nase. Wie mir später klar wurde, war ich sogar oft dabei, wenn
er diesen sogenannten Freund, der nun sein Dealer geworden
war, aufsuchte. Auf dem Weg nach Bruck, wo meine Oma gelebt
hatte und wo unser Zirkuswagen steht, machten wir immer
wieder bei diesem Jussi halt. Wir fanden es toll da, weil der in
seinem Haus in Wasserburg Spielzeuge sammelte, ein kleines
Kindermotorrad sogar, auf dem ich herumfahren durfte.

Als ich nun hörte, was los war, als wir drei Kinder die Eltern
streiten hörten, wurde mir klar, dass ich es eigentlich immer
gewusst haben musste. Dass in den kleinen gelben Plastikeiern, für die mein Vater zuvor stets am Bankautomaten viele
Scheine geholt hatte, irgendetwas sein musste, was nicht okay
war. Plötzlich erinnerte ich mich, dass ich in der Schule sogar
meinem Klassenkameraden Max davon erzählt hatte, meinen

Vater im Verdacht zu haben, mit Drogen in Verbindung zu stehen. Und Max diesen seltsamen Satz zu mir gesagt hatte: »Du bist ein Kind, und es ist nicht deine Verantwortung, dir darüber Gedanken zu machen.« Offenbar hatte ich es meisterlich verdrängt und zog meine Kurven mit dem Kindermotorrad, während drinnen Tausende von Euros aus dem Erbe von Oma Marianne und Papas Gehalt den Besitzer wechselten, bevor wir mit kleinen gelben Plastikeiern voller Heroin wieder heimfuhren.

Der fürchterlichste Heiligabend seit Menschengedenken endete in großer Unsicherheit. Jahre später erzählte mir meine ältere Schwester Susi, dass sie Vaters Drogensucht schon lange auf der Spur gewesen war. Sie sei einmal aus dem Kino gekommen, habe ihm aufgeregt davon berichten wollen, der Vater habe aber merkwürdig apathisch gewirkt und entrückt die Augen verdreht. »Ich war misstrauisch und wollte der Sache auf den Grund gehen«, sagt Susi. »Ich war damals siebzehn oder achtzehn, ich hatte bereits mit Drogen zu tun gehabt und schnell kapiert, dass er nicht einfach zerstreut war. Er musste oft kotzen, war einfach druff.« An jenem Weihnachtsabend sei es aus ihr herausgeplatzt. »Ich wollte, dass Mama sich ihr eigenes Bild macht und nicht weiterhin belogen wird.« Als Susi, die in der Zwischenzeit das Haus verlassen hatte, wiederkam, heulten wir anderen Kinder bereits, und Vater packte seine Sachen. »Es war eine Art Endzeitstimmung«, sagt sie.

Meine Mutter liebte meinen Vater trotzdem und gab ihm weitere Chancen, versuchte die Familie zu retten. Vater willigte ein, sich in Haar einem harten Entzug zu unterziehen, was allerdings nicht dauerhaft erfolgreich war. Es folgte ein weiterer für mehrere Monate unter Einsatz von Methadon in Baldham, unweit von München. Ich besuchte ihn dort mehrere Male und sah, dass die vielen anderen Süchtigen dort auch normale Leute waren und nicht so aussahen, wie man sich Junkies vorstellte. Auch wenn mein Vater uns so hintergangen hatte, machte ich ihm keine großen Vorwürfe. Im Gegenteil, ich hielt ihm zugute, dass er es trotz seiner Sucht irgendwie geschafft hatte, ein guter Papa zu sein. Und ich lernte, wie gut es einem selbst tun kann, zu verzeihen.

Meine Mutter versuchte das auch. Nachdem aber auch der dritte Entzug schiefgegangen war, hatte sie keine Kraft mehr zu verzeihen, und unsere Familie brach auseinander. Mein Vater begann danach ein mehrjähriges Methadonprogramm, die vielen Enttäuschungen führten aber zu einer Unsicherheit, einem Vertrauensverlust, der nicht mehr wettzumachen war. Erst heute kann ich mit Sicherheit sagen, dass – sollte mein Papa ein Plastikei bei sich tragen – darin bloß ein Spielzeug steckt.

Mein Vater war im Familienkonglomerat für die Leichtigkeit zuständig gewesen, für das Augenzwinkern und das Erlauben. Eine unfaire Rollenaufteilung gegenüber meiner Mutter, die dafür zu sorgen hatte, dass es Regeln gab. Als Papa weg war, kam uns ziemlich viel Freiheit abhanden. Vielleicht hatte sein Verrat an ihr auch dazu geführt, dass meine Mutter grundsätzlich keine große Lust mehr hatte, sich auch nur die kleinsten Frechheiten – von wem auch immer – gefallen zu lassen. Unser Leben wurde streng und freudlos. Meine Kindheit war vorbei. Ich war fünfzehn und wusste, dass es Zeit wurde, mein Leben selbst in die Hand zu nehmen.

Keine zwei Jahre später zog ich aus. Meine fünf Jahre ältere Schwester hatte unmittelbar nach dieser »Weihnachtsgeschichte« die Familie verlassen, nun nahm auch ich mein Schicksal in die Hand. Und noch einmal griff mein Vater in unser Familienleben ein, indem er die Bürgschaft unterschrieb, die es mir erlaubte, eine eigene Wohnung zu beziehen. In München gibt es ein Viertel mit einer unglaublich kuriosen Geschichte. Im früheren Arbeiterviertel Haidhausen, das heute als ziemlich schick gilt, zog ich in ein kleines Häuschen, das von einer liederlichen Vergangenheit erzählt.

In meiner neuen Unterkunft hatten viele Jahrzehnte zuvor Prostituierte gelebt. Die Wohnungstüren waren nur über Außenbalkone erreichbar, auf denen wohl die Damen gestanden und sich den liebesbedürftigen Arbeitern Haidhausens feilgeboten hatten. Nun stand ich hier und blickte in eine ungewisse Zukunft. Nachdem ich ausgezogen war und plötzlich für mich selbst sorgen musste, begann gerade die schwierigste Zeit in der Schule, ich hatte noch zwei Jahre bis zum Abitur. Gleichzeitig war ich voll motiviert, es hinzubekommen. Tagsüber ging ich weiterhin zur Schule, allerdings hatte ich von meiner kleinen Giesinger Penne aufs schicke Luitpold-Gymnasium gewechselt. Die Mitschüler hießen plötzlich Reinbold und Langenscheidt oder hatten ein »von« oder »zu« vor dem Namen. Ich räumte bei Tengelmann Kühltheken ein, musste abends in einem Jazzklub kellnern und in der »Deutschen Eiche«, einer legendären Schwulenkneipe, wo die Trinkgelder ungleich höher waren.

Nebenher verdingte ich mich als Nebendarsteller und Statist in einem kleinen Theater und an Fernsehsets. Beim Dreh der Telenovela *Lotta in Love,* wo ich für 100 Euro Cash in einem

Umschlag einen Partygast spielte, spürte ich den Blick des Kochs, der für das Büfett zuständig war. Walter beließ es nicht dabei und setzte augenzwinkernd ein paar anzügliche Bemerkungen hinzu. Ich wusste so etwas mit einem lustigen Spruch zu kontern, und wir waren uns schnell sympathisch. Ich weiß noch, es gab Apfelstrudel, und ich beschwerte mich spaßeshalber darüber, dass er nicht einmal Vanillesoße dazu reichte. Daraufhin bekam ich nicht nur das Angebot, seinen Strudel in seinem Restaurant samt Vanillesoße zu verkosten, sondern auch gleich bei ihm als Kellner zu arbeiten.

Walter war auch Mitorganisator eines schwulen Straßenfestes in der Hans-Sachs-Straße, wo ich natürlich auch zum Einsatz kam und mit roter Schürze und Kochmütze Würstchen und Schupfnudeln mit Sauerkraut verkaufte. Natürlich wurde ich bei meinen Jobs in der Schwulenszene teilweise hart angeflirtet, unangenehm wurde es allerdings nie. Einmal war in der »Deutschen Eiche« das Weißbier ausgegangen, und ich musste durch die Gaysauna, um ein neues Fass zu holen. Sagen wir so, die Blicke der nackten Herren hätte ich mir lieber erspart. Als ich mit dem Fass zurückkam, fühlte ich mich ziemlich ausgezogen, obwohl ich die Klamotten anbehalten hatte.

Nun aber stand jener Carsten vor meiner Würstchen-Schupfnudel-Bude und musterte mich eindringlich. Allerdings ganz anders als die anderen Männer, es war so, als ob er mein Gesicht, meinen Körper, mein ganzes Auftreten irgendwie scannen würde. »Modelst du?«, fragte er. Ich schüttelte den Kopf. Ich kannte diese Frage, Herren aus der »Deutschen Eiche«, die einem ein Kompliment machen wollten, stellten sie öfter mal. Ganz süß eigentlich. Als heterosexueller Junge in expliziten

Schwulenkneipen zu kellnern, habe ich immer als gute Schule begriffen. Man lernt dabei, wie es ist, von manchem als Sexobjekt betrachtet zu werden. Das hilft dabei, zu verstehen, wie sich viele Frauen fühlen, wenn man ihnen auf den Busen glotzt oder sie nur nach ihren Bodymaßen bewertet.

Carsten aber hatte ein völlig andersgeartetes Interesse an mir. Er arbeitete für die Agentur »Talents« und fand, dass ich tatsächlich für eine Modelkarriere taugen könnte. »Wie groß?«, war seine nächste Frage. »Eins vierundachtzig«, antwortete ich und fragte mich, ob das gut oder weniger gut sei. Es war gut. Ich hatte mir eigentlich nie sonderlich Gedanken darüber gemacht, wie ich aussehe. Vielmehr wunderte es mich, dass ich überhaupt infrage kam, schließlich war ich als Fünfjähriger auf einem Flughafen gegen eine Tür gelaufen und hatte mir eine ziemlich fiese Narbe über der Nase zugezogen. Und die Nase ist außerdem etwas schief. Trotzdem war ich mit mir und meiner Optik im Reinen, was natürlich förderlich ist, gerade wenn man durch die Pubertät muss und anfängt, sich für Mädels zu interessieren. Gleichzeitig konnte ich diese Macker nicht leiden, die ihre äußerliche Wirkung allzu offensichtlich einsetzten, um möglichst viele abzuschleppen. Am schlimmsten sind diese Jungs, die sich einen ganz besonders süßen Blick antrainieren, von dem sie wissen, dass man damit beinahe jede rumkriegen kann.

Tags darauf recherchierte ich, ob das überhaupt eine seriöse Agentur war, mit der ich es hier zu tun bekam. Eine Woche später saß ich in einem Fotostudio, und ein gewisser Sergio machte erst mal Fotos für meine Sedcard. Ich war völlig ahnungslos, was das nun bedeuten würde, und ließ es auf mich zukommen.

Die ersten Jobs, die ich machte, waren leider keine sonderlich schicken, ich war in einer Werbekampagne für McDonald's und C & A. Erst später, als mich die chinesische *GQ* fotografierte und ich in Mailand über den Laufsteg von Etro stolzierte, wurde mir bewusst, wie froh ich über die kommerziellen Aufträge sein konnte. Für prestigeträchtige Aufnahmen in der Modebranche gab es nämlich 300 Euro, für die Fast-Food-Kette oder den Reiseanbieter landeten gleich mehrere Tausend auf meinem Kinderkonto. Die Sorgen, wie ich mein Apartment im Haidhausener Jahrhundertwende-Laufhaus bezahlen sollte, waren mit einem Mal weg. Gekellnert habe ich trotzdem weiterhin, ich wollte mich auf den Modeljob nicht verlassen müssen.

Mein Hauptaugenmerk blieb dennoch auf der Schule und dem Abi. Der Deal mit meinen Eltern, dass ich diesen einen Bestandteil konventioneller Lebensplanung ordentlich hinter mich bringe, galt immer noch. Ich war glücklicherweise auch ohne sonderliche Anstrengung ganz gut in der Schule, obere Kategorie von mittelmäßig.

Meine Mutter war natürlich entsetzt gewesen, als ich die Familie verließ. Ich hatte meinen Auszug heimlich geplant, hatte noch in der Familienwohnung angefangen, einen kleinen Haushalt unter meinem Bett anzulegen – Staubsauger, etwas Geschirr und so weiter –, damit ich tatsächlich von einem Tag auf den anderen auf eigenen Füßen stehen konnte. Meine Mutter war fassungslos, es dauerte einige Wochen, bis sie wieder mit mir sprach und mich in der Kirchenstraße 52 aufsuchte, um nach dem Rechten zu sehen. Sie staunte nicht schlecht, als sie sah, wie heimelig, aber vor allem auch aufgeräumt es im eigenen Zuhause ihres siebzehnjährigen Sohnes aussah. Ich erinnere mich noch, wie sie verwundert mit dem Finger über die Möbel strich und kein Staub daran hängen geblieben war. Vielleicht habe ich sie damit auch ein wenig befreit, in dieser für sie sicherlich nicht einfachen Zeit. Plötzlich waren beide Männer aus dem Haus, und um einen musste sie sich schon mal keine Sorgen mehr machen. Wir saßen einander gegenüber und wussten, ohne viel Worte zu machen, dass ein neuer Abschnitt in unserem Verhältnis begonnen hatte. Die Phase der Erziehung war vorbei. Mein selbstbestimmtes Leben nach eigenen Vorstellungen konnte beginnen. Wir wurden Freunde.

Ich habe diese Entscheidung damals mit einer großen Klarheit getroffen. Ich stellte mir manchmal vor, wie ich eines Tages als Neunzigjähriger auf diese Zeit zurückschauen würde. Und ich spürte, dass ich als Greis einmal zufrieden sein könnte. Ich wollte eigene Erfahrungen machen, mich ausprobieren und lernen, bewusst Dinge zu versuchen, und auch selbst herausfinden, was gut für mich ist – und was nicht.

Die Schule und das Modeln kamen einander naturgemäß in die Quere. In der Pause zwischen Mathe und Geo rief mich Carsten an, ich war von Think Pink, einer italienischen Modemarke, für ein Shooting gebucht worden. Meine Lehrer kannten meine Geschichte, sie wussten, dass ich allein lebte und für mich selbst sorgen musste. Deshalb bekam ich Freiheiten, die andere nicht hatten. Noch am Nachmittag konnte ich nach Venedig fliegen. Vor dem Hotel lungerte ein etwas verwilderter bärtiger Typ herum. Kurz zögerte ich, ihm ein bisschen Geld in die Hand zu drücken. Immerhin war ich jetzt flüssig und wollte andere Menschen, denen es weniger gut ging, an meinem plötzlichen Wohlstand teilhaben lassen. Glücklicherweise tat ich es nicht.

Der Typ hieß Magnus, kam aus Schweden und war das andere Model, das für dieses Shooting gebucht worden war. Halleluja, wäre das peinlich geworden.

Magnus und ich wohnten zusammen im Hotelzimmer, und ich lernte sogleich, dass Models nur in ihren Fotobüchern aussehen wie Models. Und Magnus war ein Hammertyp oder noch viel besser: ein Typ. Für mich selbst blieb das Modeln noch lange Zeit eine ziemlich fremde Angelegenheit. Wenn man mich fragte, was ich beruflich mache, hätte ich es nie über die Lippen gebracht, Modeln anzuführen. Die Bilder, die da von mir entstanden, waren nichts, was mit meiner Persönlichkeit zu tun hatte. Es waren Ansichten und Inszenierungen, die andere mit mir gemacht hatten. Ich fühlte mich wie Pappmaschee, aus dem anderer Hände Figuren formten. Aber es war okay, ich benutzte diese Branche, um die Welt zu sehen, Menschen kennenzulernen. Und indem ich schließlich feststellte, was davon nicht ich selbst bin, lernte ich währenddessen auch mich selbst besser kennen.

Die Sache mit der Schule, die parallel immer noch weiterlief, funktionierte inzwischen richtig gut. Was die meisten Menschen über angeblich glamouröse Berufe wie Schauspieler oder Model nicht ahnen, ist, dass ein Hauptanteil nur aus Warten besteht. Man sitzt endlos an Fotosets herum, zieht mal dieses und mal jenes an, lässt sich zwischendurch abpudern, seltsam frisieren und geht dann für einige Minuten vor die Kamera. Das ist praktisch, wenn man fürs Abi lernen muss. Die Mitschüler zu Hause mussten sich stets überwinden, sich zum Büffeln hinter den Schreibtisch zu klemmen. Ich aber saß ohnehin ständig irgendwo herum und vertrieb mir die Zeit damit, meinen Abistoff durchzugehen. Die anderen Models verbrachten diese endlosen Stunden hauptsächlich damit, sich gegenseitig ihre Modelportfolios zu zeigen und damit anzugeben, mit welchen Starfotografen sie bereits zusammenarbeiten durften. Ich war völlig ehrgeizlos in dieser Sache und kannte diese ganzen Namen erst gar nicht. Demarchelier, Testino, Meisel – nie gehört.

Jenes Desinteresse an der Modelkarriere bewahrte mich vor mancher unschönen Erfahrung. Ich belauschte einmal zwei heterosexuelle Jungs, die wieder einmal ihre Fotobücher verglichen, und der eine zeigte dem anderen stolz seine Aufnahmen von Bruce Weber. Der Starfotograf war weithin berüchtigt dafür, bei seinen Castings unbotmäßig intim zu werden, was auch diesem Kollegen geschehen war. Aber anstatt sich darüber zu echauffieren, dass er von dem dicken alten Mann angegrapscht worden war, berichtete er stolz von den Übergriffen. Und der andere erstarrte vor Neid und Ehrfurcht und bedauerte, »nicht Webers Typ« zu sein. Als ich einige Monate später selbst in so ein brenzliges Casting mit dem Mann geriet und es in eine der letzten Runden geschafft hatte, war ich vermutlich der Einzige, der darauf hoffte, nicht genommen zu werden. Es war eine fürchterliche Fleischbeschau, er kam herein, begaffte uns Jungs und sagte: »Do your thing!« Die versammelten Surferboys spannten ihre Sixpacks und präsentierten sich, wie ich mir die Jahrhundertwendehuren auf der Hinterhofgalerie meiner Haidhausener Wohnung immer vorgestellt hatte. Es war seltsam. Ich hatte nie ein Problem damit gehabt, dass mir die Herrschaften in der »Deutschen Eiche« auf den Hintern glotzten, wenn ich ihnen ihre Schweinsbraten servierte. Denn so abschätzig und kalt, wie es hier abging, war keiner von ihnen je gewesen. Ich hatte Glück, ich war nicht Bruce Webers Typ. Mein Agent war enttäuscht, ich nicht.

Diese Verweigerungshaltung und eine gewisse Wurstigkeit gegenüber diesem Gewerbe führten allerdings auch dazu, dass ich immer gerade so viel verdiente, um mein Selfmade-Dasein samt aller Partys und Vergnügungen halbwegs finanziert zu bekommen. Selbst die Abiprüfungen fanden zwischen diversen Shootings und Catwalk-Engagements statt. Doch ich schaffte es, nicht gerade bravourös, aber souverän zu bestehen.

Am Tag der Zeugnisverleihung und meines Abiballs wachte ich morgens in einem kaputt gerockten Hotelzimmer auf der Stockholmer Szeneinsel Södermalm auf. Ich war am Tag zuvor von Acne Jeans für eine Präsentation gebucht worden und auf der Aftershowparty mit einem Mädchen, das dort wie ich auf einem Podest in knallengen Jeans posieren musste, abgestürzt. Es war fatal. Wir waren die ganze Nacht über uns hergefallen, und ich erwachte viel zu spät und vermutlich immer noch reichlich betrunken, als vermutlich am Stockholmer Flughafen Arlanda bereits die Gates zu meinem Flieger öffneten.

Ich erinnere mich noch genau an den komplizierten Namen der Straße, in der sich das von Acne gebuchte Modelapartment befand: Wollmar Yxkullsgatan. Verzweifelt versuchte ich, während ich einen riesigen Becher *Ben & Jerry's*-Eis frühstückte, der Mitarbeiterin eines Taxifunks diesen verfluchten Straßennamen zu buchstabieren, wo sie den Wagen hinschicken sollte. Als ich schließlich wie durch ein Wunder doch an der Sicherheitsschleuse angekommen war, bestand eigentlich keine reale Chance mehr, es noch in das Flugzeug zu schaffen. Nun war er also doch gekommen, dachte ich mir, jener Moment, in dem das ganze Chaos und flatterhafte Doppelleben zu einem Crash führen und meine eigene Abifeier ohne mich stattfinden würde.

Es gibt Menschen, die glauben an Schutzengel. Auch mir sind solche begegnet, allerdings aus keiner jenseitigen, esoterischen Welt, sondern in der ganz realen. Die Dame am SAS-Schalter sollte sich als ein solcher guter Geist erweisen. Sie verstand meine Not, schnappte mich und schleuste mich, ohne dass ich kontrolliert wurde, mitsamt der inzwischen ziemlich flüssig gewordenen *Ben & Jerry's*-Eispackung an allen Schranken und Hindernissen vorbei, die so ein Flughafen bereithielt. Und so landete ich – wie durch ein Wunder – auf meinem Sitzplatz. Mein körperlicher Zustand mitsamt allen Ausdünstungen der vorangegangenen Nacht muss eine Zumutung für meinen Sitznachbarn gewesen sein. Doch daran dachte ich in jenem Moment nicht, ich war überglücklich, als das Flugzeug Richtung München abhob. Ich hatte es also geschafft. Die letzte Station meines ersten Lebensabschnitts war so, wie ihn sich ich und meine Eltern vorgestellt hatten, gemeistert. Als ich am Abend mein Abizeugnis in den Händen hielt, war ich glücklich – und frei.

Es wäre schön, wenn dieses Kapitel mit einem Happy End aufhören könnte. So ist es aber leider nicht gekommen. Ich hatte für mich einen Weg gefunden, dem Desaster, das die Heroinsucht meines Vaters über meine Familie gebracht hatte, zu entgehen. Doch während ich meine Schullaufbahn beendete und mich von der Modelkarriere von einem Fotoset zum anderen quer über den Planeten treiben ließ, ging das Leben meiner

Familie auf seine Weise weiter. Und führte weiter in den Abgrund.

Mein Vater hatte jahrelang weiterhin mit seiner Sucht gekämpft, und wir hofften, dass seine seltsamen Stecknadelpupillen vom Methadon kamen und nicht von einem weiteren Rückfall. Meine ältere Schwester studierte endlos vor sich hin. Meine Mutter lebte mit meiner kleinen Schwester weiterhin in unserer alten Wohnung. Lisa war erst dreizehn gewesen, als Vater uns verlassen musste. Obwohl sie die Jüngste war, bekam ich immer mehr den Eindruck, dass sie der Situation sehr reif begegnete. Lisa war eine ausgleichende Kraft, sie versuchte, Gerechtigkeit in die Familie zu bringen. Doch diese große Empathie, die sie stets mitbrachte und die wir fälschlicherweise als ihre Stärke interpretierten, begann sie über die Jahre innerlich aufzufressen.

Der finsterste Tag in meinem Leben hatte sich bereits zwei Wochen zuvor angekündigt. Es geschahen Dinge, die eigentlich nichts miteinander zu tun haben konnten. Und doch schien es, als hätte das Schicksal einen langen apokalyptischen Schatten über unser aller Leben geworfen. Am 20. März 2012, an meinem 23. Geburtstag, war ich am Flughafen von Lima von zwei Zivilpolizisten rausgezogen und in ein Untersuchungszimmer gebracht worden: Drogenkontrolle. Ich musste mich splitternackt ausziehen, meine Klamotten wurden gefilzt. Dann zwang man mich auch noch, in die Kniebeuge zu gehen, um zu überprüfen, ob ich – weiß Gott wo – Drogenpäckchen versteckt hatte. Glücklicherweise hatte ich wirklich nichts dabei, und die peruanischen Drogenfahnder verzichteten zumindest in meinem Fall auf ihre übliche Praxis, dem einen oder anderen Fluggast etwas unterzuschieben.

Wieder einmal schaffte ich es, gegen die Wetten, die ich gegen mich selbst während des üblichen Sprints durch die Terminalhallen abgeschlossen hatte, in mein Flugzeug. Und glaubte noch, als ich fünf Stunden später in Mexico City gelandet war, Glück gehabt zu haben. Aber wie heißt es in einem alten Sprichwort: Gott behüte uns vor allem, was gerade noch ein Glück ist.

Erleichtert kam ich in meinem Modelapartment an, wo gerade keiner meiner Mitbewohner anwesend war, und legte mich auf eine Couch im Wohnzimmer, um mich von dieser merkwürdigen Reise zu erholen. Als ich unsanft geweckt wurde, dachte ich zuerst, dass die anderen Models in die Wohngemeinschaft zurückgekehrt waren und sich einen Scherz mit mir erlaubten. Oder mich für eine Party wach rüttelten. Aus späteren Zeitungsberichten weiß ich, dass es exakt 18 Uhr gewesen sein muss, als ich von dem Sofa fiel und den wahren Grund für das Rütteln und Schütteln realisierte: Mit der Stärke sieben hatte in diesem Moment eines der schlimmsten Erdbeben dieser viel gebeutelten Region eingesetzt.

Die Möbel rutschten von einer Zimmerwand zur anderen, es staubte, Risse bildeten sich, ein Balkon krachte hinab, meine Mitbewohnerinnen schrien in Panik und suchten verzweifelt nach dem Schlüssel zum Treppenhaus. Wir hatten die Wohnung nie anders als über den Aufzug betreten und nie darüber nachgedacht, dass es nicht sehr schlau war, die Tür zum einzigen Fluchtweg des Hauses verschlossen zu halten.

Beinahe wäre ich schon aus dem Fenster gehüpft, als der Schlüssel endlich gefunden und der Weg ins Treppenhaus frei war. Auf der Straße bebte es weiter, wir sahen verzweifelte Menschen aus den oberen Stockwerken brüllen. An jenem Tag starben etwa 150 Menschen in Mexico City. Ich weiß noch, dass ich in jenem Moment ein gewisses Urvertrauen in die Welt verloren habe, der Planet erschien mir plötzlich als ein unsicherer Ort. Und mir wurde etwas enorm Wichtiges genommen, diese wunderbare Gabe, die ich bislang hatte, überall gut und zufrieden schlafen zu können. In den folgenden zwei Wochen gab es etwa hundert kleinere Nachbeben, und ich kam nicht mehr zur Ruhe.

Aufgewühlt suchte ich in den Parks der Stadt nach etwas Schlaf. Aber vergebens. Ich kratzte mein letztes Geld, das ich zuvor noch verdient hatte, zusammen und trat regelrecht die Flucht an. Mit einem Bus machte ich mich Richtung Guatemala auf, schaffte es immerhin, nach 24 Stunden Fahrt dort anzukommen. Ein kleiner Junge, der offenbar geistig beeinträchtigt war, saß auf dem Sitz vor mir und schaute mich unentwegt mit großen Augen an. Es kam mir vor, als hätte er bis Guatemala nicht ein einziges Mal gezwinkert.

Zwei Wochen lang zog ein wildes südamerikanisches Leben an mir vorbei, ich checkte in diverse Lebensrealitäten ein, ohne daran teilzuhaben: Da waren etwa zwei Amerikaner, die einen verloren geglaubten Freund suchten und diesen auch irgendwann fanden. Ich feierte mit südamerikanischen Straßenbands, ohne wirklich Freude zu empfinden und deren gute Laune teilen zu können. Am Lago di Amatitlán verließ ich die Jungs, ohne sie wirklich kennengelernt zu haben, bestieg wieder einen Bus und landete schließlich in San Salvador.

Es war der merkwürdigste Trip meines Lebens. Ich reiste ohne Ziel, als würde ich vor etwas fliehen, ich nahm das Geschehen um mich herum wie durch eine Milchglasscheibe wahr. Wieder sollte das internationale Freunde-von-Freunden-Netzwerk der Modelwelt funktionieren, und ein gewisser Miguel holte mich vom Busbahnhof ab und kümmerte sich um mich. Er zeigte mir einen Markt, der besonders wild und rau schien, es gab seltsam altertümliche Pistolen zu kaufen. Wir fuhren an einen Strand, an dem kein einziges Korn Sand zu finden war, der dafür aus schwarzem Lavastein bestand.

Was für ein dunkler und kalter Ort, dachte ich mir noch, als mein Handy klingelte. Meine große Schwester Susanne war am anderen Ende der Leitung. Noch bevor ich hörte, was sie zu sagen hatte, spürte ich irgendwie, dass es nichts Gutes sein würde. »Simon, das Schlimmste ist passiert«, sagte Susanne, und ich fragte mich kurz, was eigentlich noch kommen sollte, nach all dem, was ich in den Tagen zuvor bereits erleben musste. Susanne war die Person in unserer Familie, die imstande war, alles nüchtern zu betrachten, die zu keinerlei Übertreibungen oder großen Emotionen neigte. Insofern war mir sofort klar, dass das surreale Armageddon der vergangenen Tage und Wochen nur ein finsteres Vorspiel gewesen sein konnte für das, was nun folgen sollte. Und so war es auch.

»Simon, du musst jetzt stark sein«, sagte Susanne. »Lisa hat sich in ihrem Kinderzimmer an diesem einen Haken, wo unser Hängesessel dran war und an dem wir uns immer vom Stockbett abgeseilt haben … Sie hat sich dort mit einem Gürtel aufgehängt.« Jedes einzelne Wort donnerte auf mich herunter, schlimmer als einer der Erdstöße der vergangenen Tage. Stumm hörte ich Susanne weitersprechen. Dass unsere Mutter Lisa noch entdeckt und mit einem Küchenmesser losgeschnitten hatte, der Notarzt sie wiederbeleben konnte. Aber eigentlich keine Hoffnung mehr bestand.

Ich flog bei der nächsten Gelegenheit zurück nach Deutschland und traf Lisa noch lebend an, aber nicht mehr bei Bewusstsein. Ich saß noch einige Nächte und sogar Wochen bei ihr am Bett, sprach mit ihr, erzählte ihr meine Gefühle. Ich weiß nicht, ob sie davon noch etwas mitbekommen hat. Am 5. Juli 2012 hörte ihr Herz auf zu schlagen. Drei Monate nach jenem Karfreitag, an dem sie beschlossen hatte, nicht mehr in dieser Welt weiterleben zu wollen.

WIE WIR SCHMERZLICH LERNEN MÜSSEN, DAS TIEFSTE TAL ALS TEIL DES WEGS ZU BEGREIFEN

MIT MEINER TANTE REGINA

Ich habe lange überlegt, welche Lehre ich aus diesem finstersten Kapitel meines Lebens und vermutlich dem aller meiner Familienmitglieder formulieren könnte. Wenn ich also nun schreibe, dass man mit der Katastrophe leben lernen muss, dann fühle ich mich damit nicht sonderlich wohl. Mir kommen alle Ratschläge und Lebensweisheiten in Anbetracht der Monstrosität des frühen Todes von Lisa schwach und ungenügend vor. Je mehr ich mich nun damit auseinandersetze, was da eigentlich passiert ist, je mehr begreife ich, wie viel wir als Familie noch nicht aufgearbeitet haben.

Während ich hier vor meinem Tiny House in Bruck sitze, schaue ich auf die Wiese hinunter, wo kleine Mädchen mit unseren Tieren tollen. Da sind die Hängebauchschweine Sam und Samantha, die Schafe Gusti und Pupsi und jede Menge Ponys und Pferde. Meine Tante Regina, die Schwester meines Vaters, hat die alte Mühle von Oma Marianne zu einem Therapiezentrum ausgebaut. Hierher kommen Kinder, die – so sagt Regina – »keine guten Erfahrungen mit Erwachsenen gemacht haben«. Manchmal sitze ich hier auf der Veranda und schaue zu, wie die

Kinder unsere Tiere umarmen und mit ihnen lernen, wieder Vertrauen zu anderen Lebewesen zu fassen.

Ich bin zu meiner Tante Regina hinüberspaziert und habe sie gebeten, mit mir über Lisa zu sprechen. Wir verbringen viel Zeit hier an der alten Mühle, sehen uns oft täglich, auch wenn wir uns nur zuwinken. Aber wir sprechen selten über das, was da geschehen ist. Wie auch, natürlich haben wir beide es nie verarbeitet. Wir haben uns schlau klingende Sätze zurechtgelegt, wie jene, die ich über dieses Kapitel gestellt habe: Dass das tiefe Tal zum Weg gehört. Dass man mit Katastrophen leben lernen muss. Eine bittere Wahrheit bleibt dennoch immer bestehen: Es wird nie wieder gut. Egal, wie stark wir sind, wie sehr wir lernen, den Schmerz und die Trauer zu überwinden, Lisa kommt nicht mehr zurück.

Natürlich versichern wir uns auch gegenseitig, dass keiner von uns Schuld tragen würde. Und doch bleibt der Verdacht und der Selbstvorwurf, dass dem nicht so ist. Dass jeder von uns vielleicht doch irgendwas hätte tun können. Und es verfolgt uns alle. Selbst aus Opa Henno ist es während unseres nächtlichen Telefonats herausgebrochen: Er, der damals schon einige Lebensrealitäten entfernt war, macht heute diese dunkle Rechnung mit sich auf und überlegt, ob all das vielleicht nie passiert wäre, hätte er Oma Marianne nicht sitzen lassen und wäre er einfach da gewesen. Hätte, hätte, hätte. Das Kind in unseren Armen bleibt tot.

Regina setzt sich zu mir auf die Couch im Zirkuswagen, also jenem Ort, den sich Lisa gewünscht hatte. Hier drin ist sie glücklich gewesen. Vater hat ihn schließlich für sie umgebaut, und sie selbst hat ihn bemalt. Ich habe ihn neu eingerichtet, ich schlafe oft hier drin, habe den Holzofen eingebaut, der jetzt flackert und mit seinem Schein an die Wagenwände malt.

Wir sitzen da und schweigen einige Zeit zusammen. »Also ich fange einfach mal an«, sagt Regina. Falls ich mich fragen würde, ob ihr Projekt mit den Kindern mit Lisas Tod zu tun habe, sei die Antwort: Ja. Tatsächlich habe ich diesen Gedanken manchmal gehabt, aber nie danach gefragt, und ich hätte es auch jetzt nicht getan. Aber es ergibt natürlich Sinn. »Die Arbeit, die man tut, sollte im Idealfall immer aus dem Selbsterlebten passieren«, sagt Regina.

Während sie erzählt, wie sie diese Situation erlebt hat, wird mir erst bewusst, wie viel Familiengeschichte inzwischen in diesem Ort steckt. Oma Marianne hatte darauf bestanden, an ihre alte Mühle aus dem Krankenhaus zurückzukehren, als sie den Kampf gegen den Scheißkrebs aufgegeben hatte. Tante Regina kümmerte sich hier um ihren Bruder, meinen Vater, als der sich dem Entzug stellte. Momente, die Regina noch sehr präsent sind. »Es war schwer, und es war kaum auszuhalten«, sagt sie. Es sei immerhin ein kalter Entzug gewesen, das Schwierigste von allem.

»Er ist den Drogen eigentlich immer nahe gewesen«, sagt sie. Erst habe er wie der süße Schlagerjunge Heintje ausgesehen, dann wie Winnetou, »ein charmanter fescher Bursch, den die Mädchen anhimmelten, der aber immer den Rausch mehr liebte als sich selbst«. Als es dann nicht mehr ging und er sich für uns seinen Drogen und Dämonen stellte, musste ihn Regina auf seinen eigenen Wunsch hin regelrecht einsperren. »Er hatte die schlimmsten körperlichen Zustände, und wir haben zuvor ausgemacht, dass er es allein durchstehen muss.« Über eine kleine Tafel wurde kommuniziert. »Eines Tages seid ihr Kinder gekommen und habt auf die Tafel draufgeschrieben: ›Papa, brauchst du was?‹«

Ich erinnere mich fern. Manchmal scheint das eigene Bewusstsein dicke Grabplatten des Vergessens über bestimmte Lebensereignisse zu schieben, damit man nicht ständig mit ihnen zu ringen hat. »Du warst damals irre stark, ich habe dich bewundert«, sagt Regina. »Du warst ja selbst noch ein Kind, aber du hast dich um Lisa gekümmert und viel geschultert.«

Na ja, aber irgendwann war ich halt auch weg. »Ja klar, irgendwann warst du weg, aber das musstest du auch«, sagt meine Tante zu mir und nimmt mich in den Arm. »Sie war damals oft hier, sie hatte auch einen Freund, den sie mitgebracht hat«, erinnert sie sich an die letzten Monate mit Lisa. Alle hätten gesehen, dass meine kleine Schwester unendlich traurig war, viel geweint hat, aber gleichzeitig habe sie auch in vielen Momenten so stark gewirkt. Sie erinnere sich ganz genau an das letzte Gespräch mit Lisa, sagt Regina. »Sie hat am Lagerfeuer gesessen und viel geweint, aber nicht eine Sekunde lang hätte ich gedacht, dass sie sich etwas antun könnte.« Regina habe sich das Gespräch immer wieder und wieder in Erinnerung gerufen, das Foto mit dem Freund am Lagerfeuer Hunderte Male betrachtet. Gab es da etwas? Irgendeine Ankündigung, eine Warnung, einen Hinweis? »Aber sie hatte doch noch Fröhlichkeit in sich«, sagt Regina. Sie ging zur Leichtathletik, machte ihr Abi. »Wer hätte ahnen können, dass es nicht zum Weiterleben reichen würde.« Ob sie mit den Freunden, die da zum letzten Lagerfeuer mitgekommen waren, über ihre Probleme reden könne, habe Regina Lisa noch gefragt. Und Lisa habe genickt.

Ich erzähle ihr von Susi, die sich – wie viele andere Familienmitglieder – selbst die Schuld daran gibt, dass es zu der Tragödie gekommen ist. Susi hat mir kürzlich erzählt, dass Lisa damals mehrfach bei ihr angerufen und sie dringend gebeten habe, nach Hause zu kommen. »Aber es ging mir selbst überhaupt nicht gut, ich sagte ihr, dass ich es bald schaffen würde, aber zu krank sei, erst mit mir selbst zurechtkommen müsse – und das war ein schlimmer Fehler. Ich habe es einfach nicht erkannt, habe ihren Hilferuf nicht gehört.«

Meine Tante Regina hat ihr Leben immer darauf ausgerichtet, zu verstehen. Als ihr kleiner Bruder begann, Drogen zu nehmen, hat sie angefangen, bei einer Anlaufstelle für Süchtige zu arbeiten. Als ihre Nichte tot war, begann sie, sich um andere Kinder zu kümmern, denen es auch schlecht geht. Vielleicht versucht sie auf diese Weise, doch noch jemanden zu retten.

Sie wolle den Kindern eine realistische Selbsteinschätzung vermitteln, sagt sie. »Sie müssen erkennen, was sie selbst schultern können – und was nicht.« Hier unten auf der Wiese, wenn sie abends Lagerfeuer anzünden, dürften sich die Kinder auch mal die Finger verbrennen, um zu wissen, dass es wehtut, wenn man ins Feuer greift. Erkenntnis kommt nach Erfahrung.

Wir sitzen noch lange zusammen, schauen ins Feuer, reden über Lisa, über uns, weinen ein bisschen. Es gibt trotzdem für uns keine Erkenntnis, die wir aus einer solchen Misere gewinnen können. Außer vielleicht, dass wir uns alle öfter in den Arm nehmen sollten, einander zuhören. Und auch keine Scheu davor haben sollten, miteinander zu weinen.

ÜBER DIE WICHTIGE FRAGE, OB MAN EINEN BERUF HABEN MUSS

»If You Always Do What You've Always Done,
You'll Always Get What You've Always Got.«
(Henry Ford)

Die Frage, ob ein Mensch erst vollwertig ist, wenn er einer geregelten Arbeit nachgeht, hat mich früh beschäftigt. Jedes Kind wird von klein auf auf unser gesellschaftliches Modell von Erfolg getrimmt, indem man schon Dreijährige mit der Frage gängelt, was sie später einmal werden möchten. Natürlich wollte ich Astronaut werden, die Idee, den eigenen Planeten von außerhalb zu sehen, fasziniert schließlich jeden. Da einem früh klar wird, dass es sich um einen eher unerreichbaren Job handelt, sattelte ich mit sechs auf die Archäologie um. Meine Oma Marianne, die in so vielem mein Vorbild war, hat sich mehrere Male in ihrem Leben umentschieden und nach ihrer Sportlerkarriere einige Zeit in Griechenland an Ausgrabungen teilgenommen. Das faszinierte mich, und so stand ich bald selbst in der Moosach, die durch unser Grundstück in Bruck plätschert, und buddelte nach Artefakten.

Meine Familie amüsierte sich über meine Passioniertheit und war nicht schlecht erstaunt, als ich Scherben und die eine oder andere erhaltene alte Vase aus dem Schlamm unseres Baches barg. Das waren natürlich keine antiken Sensationsfunde, sondern hübsch bemaltes Geschirr, das irgendwelche Bauern, die vor uns hier lebten, in der Moosach entsorgt hatten.

Durch die Sondersituation, mich mit siebzehn mit allerlei Gelegenheitsjobs selbst über Wasser halten zu müssen, waren große berufliche Träumereien hintangestellt. Die Geschichte mit dem Modeln löste natürlich die gröberen Probleme, aber ich stand lange Zeit nachts in den Bars herum oder ließ mir von Marktforschern neue Schokoriegel und Limonaden vorführen, was erstaunlich gut honoriert wurde. Wenn das Geld für die Miete nicht reichte, gab ich jüngeren Schülern Nachhilfe. Oder spendete Blutplasma, das sehr gefragt war, weil ich anscheinend über besonders viele davon verfügte.

Durch meinen Modeljob begriff ich, wie wahllos Gagen ausfallen können. Plötzlich verdiente ich an einem Tag für etwas fesch Rumstehen so viel, wie ich als Regaleinräumer bei Tengelmann in einem ganzen Monat überwiesen bekam. Nirgendwo kann man das merkwürdige marktwirtschaftliche Prinzip von Angebot und Nachfrage in seiner blanken Brutalität besser erkennen als in der Parallelwelt des Modelns.

Die Aufgabe der Modelagenten und Booker ist es, dir möglichst schnell klarzumachen, als welcher Typ du erfolgreich sein kannst. Ich trug damals langes, gelocktes Haar und konnte somit ideal als Surferboy vermarktet werden oder wahlweise als der verträumte Junge mit der Gitarre, den alle süß finden. Mit den hellbraunen Locken taugte ich dafür, in kuscheligen Wollpullis für Marc O'Polo über Herbstwiesen zu stromern oder als Awareness-Hippie eine Biobäckerei zu bewerben. Für einen Booker ist es ein ziemlicher Aufwand, dich als Typ zu vermarkten, es werden Sedcards angefertigt und ein gewisser Kundenstamm aufgebaut. Das bedeutet aber auch, dass es streng verboten ist, irgendetwas an sich zu verändern. Keine neuen Frisuren, keine Tattoos, nicht dünner werden, aber natürlich auch keinesfalls dicker. Das geht so weit, dass besonders schlanken Hungerhakenmodellen untersagt ist, zu viel ins Fitnessstudio zu laufen und dort Muskelmasse aufzubauen, die nicht ins Konzept passt. Wer vorschnell glaubt, Models wären überbezahlt, sollte diese Umstände kennen. Es gibt keinen Feierabend, man gehört der Branche mit – im wahrsten Sinne – Haut und Haaren. Was hingegen in keiner Weise von Interesse ist: wer du bist, was du denkst und schon gar nicht, welche Vorstellungen du von deiner eigenen Persönlichkeit hast.

Dummerweise nervten mich meine langen Locken schon einige Zeit. Nach einer großen Acne-Show in Paris, wo ich über den Laufsteg gelaufen war, lud uns der Chefdesigner Jonny Johansson mit den wichtigsten Kunden in eines der besten Restaurants der Stadt ein. Ich war noch nie in einem Michelin-Sterne-Lokal gewesen und konnte auch kein Wort Französisch. Das wollte ich natürlich nicht eingestehen und bestellte – ohne es zu wissen – ein Schneckengericht, was für allgemeines Amüsement sorgte. Meine ersten Schnecken schmeckten übrigens gar nicht übel – nach Kräuterbutter und Knoblauch.

Zu vorgerückter Stunde kam ich mit einer Make-up- und Hairstylistin ins Plaudern und klagte ihr, dass mir mein Lockenkopf auf die Nerven fiel. Da sie ihr Equipment noch von der Show bei sich hatte, gingen wir kurz entschlossen auf das Klo, und so fielen meine langen Locken noch in dieser Nacht auf den Boden der Sternerestauranttoilette. Als ich zum Tisch zurückkehrte, nahm mich erst einmal niemand wahr, mein Look hatte sich so drastisch verändert, dass mich keiner mehr erkannte. Wie massiv der Einschnitt wirklich war, bekam ich tags darauf zu spüren. Die Agenten der Modelagentur waren fassungslos. Ich hatte ihre monatelange Arbeit in einer nächtlichen Laune zunichtegemacht. Schlimmer noch war, dass ich mich ja noch inmitten eines bereits gebuchten Jobs befand und auch dieser plötzlich auf der Kippe stand. Doch ich hatte Glück, die Schweden fanden meinen neuen Look cool, und ich kam viel mehr zum Einsatz. Doch mir wurde umso mehr bewusst, dass ich die Souveränität über mein eigenes Aussehen verscherbelt hatte.

Keine Ahnung, was passiert wäre, wenn mich niemand mehr hätte buchen wollen. Aber es kam anders, meine Modelangebote waren plötzlich noch besser und lukrativer als zuvor. Ich war plötzlich nicht mehr der flauschige Junge von nebenan, sondern wurde als eleganter junger Herr gebucht und durfte von nun an in der Oberklasse der Modemarken mitspielen.

Schon in Kapstadt, wo ich meine ersten Jobs hatte und in die selbstverliebte Model-WG eingezogen war, ist mir klar gewesen, dass ich diese Angelegenheit nicht als meinen Beruf betrachten würde. Dieser merkwürdige Modelstolz, den ich bei den anderen erlebte, war mir völlig fremd. Stundenlang saßen sie vor ihren Büchern, verglichen, mit welchen der karrierefördernden Starfotografen sie schon gearbeitet hatten, schmiedeten Pläne und beneideten einander für diesen oder jenen Auftrag. Die anderen Models reisten durch die Welt, um ihre Modelkarriere voranzutreiben, bei mir war es exakt umgekehrt. Ich nutzte meinen Erfolg in diesem seltsamen Beruf, um die Welt sehen zu können. Bis heute gehe ich zu Castings und nehme Aufträge an, wenn es mir gefällt. Ich möchte diese Profession nicht gering schätzen, sie hat mir viel gebracht. Ernst nehmen konnte und wollte ich es aber nie.

Ich reiste also durch die Welt, lebte mal in Grandhotels und mal in schäbigen Modelapartments und machte mir keine Gedanken darüber, was eines Tages aus mir werden könnte. Models haben etwas mit Spitzensportlern oder Balletttänzern gemeinsam, sie alle wissen, dass ihre Karriere eine eingeschränkte Halbwertszeit hat. Irgendwann kommt unweigerlich der Moment, in dem es vorbei ist – und zwar lange vor dem klassischen Renteneintrittsalter. Zu Beginn träumen vermutlich die meisten davon, in ihrer Aktivzeit so viel Geld anzuhäufen, dass sie sich keine Gedanken darüber zu machen brauchen, womit sie mit fünfzig ihre Miete bestreiten. Bei den wenigsten ist das aber der Fall. Insofern denken viele darüber nach, welchen Zweitberuf sie aus ihrer ersten Karriere generieren könnten. Bei Models ist das meist die Schauspielerei, doch von Diane Kruger, Brook Shields und Mark Wahlberg abgesehen, haben es die wenigsten zu wirklich großen Karrieren gebracht. Das hängt auch damit zusammen, dass die meisten nicht verstehen, dass Schauspieler keine sprechenden Models sind. Wenn dir Fotografen und Modeleute über zehn Jahre sagen, dass du »unbelievable« bist und »sensational«, glaubst du irgendwann, dass du wirklich eine unfassbare Persönlichkeit bist, der für ihre süßen Grübchen mindestens der Oscar gebührt.

Um Einblicke in eine ganz bestimmte Profession zu erhalten, ist das Modeln allerdings wirklich perfekt. Schließlich verbringt man den Großteil seiner Arbeitszeit eng mit Fotografen und kann ganz genau beobachten, wie deren Job funktioniert. Nachdem ich es mit der Modelkarriere ohnehin nie so passioniert betrieben habe, war es für mich von Anfang an interessant, an der Arbeit zu partizipieren. Während die anderen auf *Go Sees* Schlange standen und sich in den Fitnessklubs stählten, nahm ich nebenher Assistentenjobs bei Fotografen an. Nicht einmal, um für eine mögliche Karriere etwas zu lernen, sondern weil es mich einfach interessierte. In Kapstadt lernte ich Filip Cederholm und Daniella Midenge kennen, denen ich mich sofort anschloss. Ich lernte bei ihnen etwas, was ich noch nicht kannte. Diese beiden Fotografen hatten eine Liebe zu dem, was sie da taten. Und blickten auch auf ihre Motive mit einer Art Inbrunst und Empathie. Derartiges gibt es bei Models nicht. Sie erledigen ihre Aufträge mit Pflichtbewusstsein und manchmal auch Hingabe. Aber sie liefern einfach nur, sie gehorchen und erfüllen, was andere ihnen auftragen. Models sind Soldaten der Modeindustrie. Kreative Eigenleistung gilt als hinderlich.

Ich hatte Filip Cederholm von meinem Township-Erlebnis berichtet, und er bat mich, ihm einen Kontakt zu meinem Kumpel Bulelani herzustellen. So geschah es dann auch, und wir fuhren zusammen nach Langa, einer weiteren Township neben Gugulethu. Nun waren wir plötzlich mit einem Auftrag hier, lernten die Menschen kennen, Polizeioffiziere, Schulleiter und Erzieher. Unsere Mission war es, Kinder zusammenzubekommen, um mit ihnen ein gigantisches Peace-Zeichen zu arrangieren und ein Luftbild davon zu machen. Das war Filips Idee, um seine ABC-Charity-Organisation zu bewerben, die er für Kinder wie diese gegründet hatte. Zum ersten Mal hatte ich das Gefühl, an einer Arbeit mitzuwirken, deren Sinn über die Bewerbung von Klamotten und Konsumprodukten hinausgeht. Ein Gefühl, das ich zwei Jahre später auf dem Trip zu den Kindern in Kambodscha wieder haben sollte.

Das Bild mit dem riesigen Peace-Zeichen, bestehend aus Township-Kindern, war eine große Herausforderung. Denn damals gab es noch keine Drohnen, also bauten wir eine gigantische Leiter, von wo aus wir das Bild knipsten. Und wie es der Zufall wollte, war ich es, der für das entscheidende Bild den Auslöser betätigte.

Nachdem unsere Mission erfolgreich erledigt war, machte ich mich mit meiner eigenen Kamera auf und begann selbst Porträtbilder von den vielen eindrucksvollen Gesichtern von Langa zu schießen. Auf einmal stand ein alter Mann vor mir, Mandla hieß er, ein Obdachloser mit einem enormen Ausdruck. Ich fragte ihn, ob ich ihn porträtieren dürfte, und er willigte achselzuckend ein. Er wusste vermutlich nicht, was ich gerade an ihm so spannend finden könnte, aber hatte auch keinen Einwand. Und auch ich selbst hatte in jenem Moment nicht das Gefühl, dass gerade etwas Besonderes geschah. Erst zu Hause, als ich mir die Bilder anschaute, wurde mir klar, was für ein beachtliches Porträt ich da geschossen hatte. Mich beschlich der kribbelnde, aufregende Verdacht, gerade ein Talent in mir selbst aufgespürt zu haben.

Ich muss zugeben, dass die außergewöhnliche Komposition des Bildes, diese Fluchten im Hintergrund, der starke, aber gesenkte Blick Mandlas, eher Zufall gewesen waren. Aber das Bild erzählt so viel, es fängt eine ganze Welt ein, erzählt von einem ganzen Leben. Und es gab mir einen Vorgeschmack darauf, dass Fotografie so viel mehr abbilden kann als gelangweilte schöne Gesichter, die die neueste Herbstfashion illustrieren.

Zum ersten Mal hatte ich das Gefühl, eine Passion, etwas, wofür ich Liebe empfinde, ausleben zu können – und damit sogar Geld zu verdienen. Vermutlich war es eine Art Intuition, daraus nicht sofort den Gedanken an einen Beruf zu entwickeln. Vielleicht wollte ich diese schöne neue Tätigkeit nicht mit so etwas Schnödem wie Karriere verknüpfen und meine helle Freude damit verunreinigen. Ich hatte in München viele Leute kennengelernt, die an der Hochschule Fotografie studierten und als Assistenten arbeiteten, aber keiner von ihnen ist ein ernst zu nehmender Fotokünstler geworden. Wieder folgte ich dem Prinzip, das schon als Kellner oder Regaleinräumer funktioniert hatte: Ich verdiente Geld mit Jobs, um das, was ich eigentlich tun wollte, möglichst frei und unbeeinflusst umsetzen zu können. Ein Arbeitsmodell, das ich euch wärmstens empfehlen kann.

Ich glaube übrigens nicht, dass man keine Ratschläge annehmen sollte, was solch eine neue Passion anbelangt. Niemand ist in dem, was er tut, aus sich selbst heraus genial geworden. Im Gegenteil, um in einer Sache wirklich gut sein zu können, muss man erst einmal auf die Schultern all jener klettern, die vor einem in dem Metier etwas geleistet haben. Gleichzeitig blieb ich bei meiner Linie, der ich schon beim Modeln gefolgt war. Ich pfiff auf alles und jeden, der mir vorschreiben wollte, wie man etwas zu machen hat. So wie ich mich nicht darum scherte, welcher Look gerade »in« war oder wie ich mich stylen oder auftrainieren müsste, um in den aktuellen Look zu passen, kümmerte ich mich nicht darum, was in der Fotografie gerade »en vogue« war. Natürlich war es großartig und hilfreich, einem Weltstar wie Peter Lindbergh bei der Arbeit über die Schulter blicken zu können, aber letztendlich auch, um zwei wesentliche

Dinge zu begreifen: dass auch einer wie er kein Zauberer war. Und dass ich von ihm vor allem lernen konnte, wie ich es nicht machen will. Die Welt braucht keinen zweiten Lindbergh oder Newton. Also beschloss ich, der erste Lohmeyer zu sein. Und wenn meine Fotos außer mir keinen interessiert hätten, wäre das völlig in Ordnung für mich gewesen. Doch glücklicherweise ist es anders gekommen.

WARUM DEINE BERUFUNG NICHT ZWINGEND DEIN BERUF SEIN MUSS

MIT ELLEN VON UNWERTH

Zum Fotografieren, egal aus welcher Veranlassung heraus und mit welchem Motiv man es betreibt, gehört zuallererst das Gucken. Damit meine ich nicht bloß, einen richtigen Blick für das Motiv, das man gerade knipst, zu entwickeln. Ich habe über die Jahre eine regelrechte Bibliothek an Fotobänden angesammelt, die ich stets in Griffweite habe und in denen ich leidenschaftlich gerne schmökere. Zu meinen *All-Time-Favorites* gehören die Bücher des chinesischen Fotokünstlers Ren Hang, mit dem ich die Verspieltheit teile, mit Körpern völlig neue Figuren zu kreieren. Und dessen Kunstfertigkeit, Symmetrien zu schaffen, ich unfassbar bewundere. An den Bildern des britischen Modefotografen Tim Walker kann ich mich ebenfalls kaum sattsehen. Jede einzelne seiner Fotografien ist ein eigenes Wunderland, in dem er die Proportionen aufhebt, surreale Gesellschaften erstehen lässt und der Fantasie jedes Betrachters ordentlich die Sporen gibt. Der Magnum-Fotograf Harry Gruyaert hat auf seine Weise die Street Photography revolutioniert, indem er mit unendlicher Geduld darauf zu warten scheint, bis der Zufall ihm das perfekte Setting vor die Linse schickt und ihm den Einsatz zum Abdrücken gibt. Von den Starfotografen der Modewelt sind auffällig wenige dabei, vermutlich weil ich aus meiner Modeler-fahrung heraus den meisten Bildern sofort ansehe, wie sie zu-stande gekommen sind. Mit wichtigtuerischen Agenturleuten oder ständig plappernden Moderedakteurinnen im Hinter-grund und einer riesigen Entourage am Werk.

Die große Ausnahme stellt für mich Ellen von Unwerth dar, der neben Nan Goldin und Annie Leibovitz bedeutendsten lebenden Fotografin. Ich hatte nie das Glück, selbst als Model auf einem ihrer Fotosets zu landen, aber den Fotostrecken ist es anzusehen, dass es dort anders zugehen muss als in der in-dustriellen Modefotoproduktion. Ihre Bilder sind stets ein Fest unbeschwerter Freizügigkeit. Es ist weniger Ellens Ästhetik, die mir als Vorbild gilt, als ihre Kunst und ihr Gespür, frivo-le Fröhlichkeit herzustellen, die ihren Models stets die Würde bewahrt.

Zudem stammt Ellen – wie mein Vater – aus dem Allgäu, und wir teilen diesen augenzwinkernden Blick auf unsere bayeri-sche Herkunft. In diesem Zusammenhang haben wir uns auch kennengelernt, als Ellen ihre Fotoserie »Heimat« in der Münch-ner Galerie Immagis präsentierte. Als Waisenkind, Zirkus-artistin und Kommunenbewohnerin hatte sie das Konventio-nelle des Ufftata-Land nie wirklich verinnerlicht, wie sie mir am Rande erzählte.

Wir hatten damals einen vergnüglichen Abend und ein wun-derbares Gespräch, weshalb ich sie gebeten habe, einige Ge-danken zum Thema Beruf und Berufung mit mir und euch zu teilen.

Ich erreiche sie in Paris, wo sie seit einigen Jahren ihren

Wohnsitz hat. Sie ist sofort im Thema. »Früher musste man sich von jung an entscheiden, was man machen will«, sagt sie. »Glücklicherweise hat sich die Gesellschaft etwas geändert. Du giltst nicht mehr als unseriös, wenn du mal dies und mal jenes machst.«

Wie ich selbst hat Ellen, bevor sie zur Fotografie fand, als Model gejobbt – und damit eine beachtliche Karriere hingelegt. Interessanterweise hat sie damals die Arbeit hinter der Kamera kaum interessiert, doch natürlich habe sie »mitgekriegt, wie die Fotografen das Licht setzten«. »Aber vor allen Dingen lernte ich viel über die Psychologie zwischen Model und Fotograf«, sagt sie. Auch sie selbst fühlte sich als Modelliermasse anderer, ohne eigenes Recht auf Ausdruck. »Man musste immer nur still stehen, den Anweisungen exakt folgen, das hat mir keinen Spaß gemacht«, fährt sie fort. »Als ich angefangen habe, selbst zu fotografieren, habe ich meine Mädchen stets ermutigt, sich auszudrücken, Persönlichkeit zu zeigen, vor der Kamera zu leben.«

Einmal sei sie zum Fotografen gegangen und habe gesagt: »Nein, das Licht ist nicht gut hier, wenn man es dahin stellt, wäre es viel besser!« Da hätten die sie angeguckt und erwidert: »Okay, die werden wir nicht mehr buchen!« Dies sollte den Anfang vom Ende ihrer Modelkarriere bedeuten. »Ich war immer ein bisschen frech«, sagt sie. Als sie selbst als Fotografin begann, war es ausgerechnet Altmeister Helmut Newton, der selbst stets unter feministischer Kritik gestanden hatte, der sie protegierte. »Er mochte meine Bilder, und es war natürlich das größte Kompliment, weil Helmut einer der Besten war.«

War die Fotografie immer ihr Traumberuf gewesen? Ellen verneint. »Also als Kind wollte ich entweder Prinzessin oder Zigeunerin werden«, sagt sie. Mit dem Z-Wort meint sie nicht die Angehörigen der Sinti-und-Roma-Volksgruppen, die das Wort als diskriminierend empfinden, sondern vielmehr die Fantasie des jungen Mädchens, das sie damals war und das mit einem Traum von Freiheit und Ungebundenheit liebäugelte. Ich kann diese Zirkus-Manie sehr gut nachvollziehen, schließlich war ich als Schuljunge Artist in einem Kinderzirkus, was auch mir das Gefühl gab, gesehen zu werden und unvoreingenommenen Applaus zu ernten.

Als junge Frau hatte Ellen tatsächlich bei einem richtigen Zirkus angeheuert – in den Achtzigern bei Bernhard Pauls »Roncalli«. Sie schwärmt noch immer von dieser Zeit. »Man geht in dieses Zelt und taucht in eine andere Welt ein, da ist diese Musik, der Geruch von Sägemehl und Staub«, den sie damals bei »Roncalli« mit etwas Patschuli-Parfum ergänzte, »um die Leute über ihre Nase noch mehr zu verwirren und zu inspirieren!«, sagt sie. Nach Corona würden diese analogen Zauberwelten ganz sicher eine Renaissance erleben, behauptet Ellen. »Wir wollen einander wiedersehen, wollen weg vom Computer und raus aus den digitalen Räumen.«

»Roncalli« wirkt in ihr bis heute nach, mehr als ihr damals bewusst war. »Diese Zeit war einfach super, nur ein paar Monate, aber es hat mich sehr geprägt in meiner Arbeit«, schwärmt sie. »Natürlich liebe ich alles, was glänzt, ich liebe Fantasie, Performance, Artisten und das Mystische: Und in einer gewissen Weise bin ich all das geworden«, sagt Ellen von Unwerth. »Weil ich ständig rumreise, in irgendwelchen Hotels, an unterschiedlichsten Locations bin, und einen Beruf habe, den ich überall ausüben kann.« Und gerade sollte sie der Zirkustraum wiederfinden, man hatte ihr das Angebot unterbreitet, in Los Angeles ein burleskes Zirkus-Spektakel zu inszenieren.

Wie ich auch wählte Ellen die Nacktheit als Sprache der Emanzipation vom konsumorientierten Fashionzirkus. »Ich hatte keine Lust mehr auf Klamotten, bei diesen Shootings hatte nie die Person gezählt, sondern immer nur die Klamotte, deswegen habe ich mich davon erst einmal distanziert«, sagt Ellen und trifft ganz genau den Zwist, den ich damals verspürte.

Natürlich frage ich sie, die Weltfotografin, was sie mir und meinen Lesern an Ratschlägen mit auf den Weg geben möchte, und sie sagt, ohne zu zögern: »Geh in dich rein, und schau, was du machen willst, was du sagen willst, und versuche, deine Passion zu finden.«

Und was, wenn man einfach nur Arzt werden möchte? »Dann studiere Medizin, und sei Arzt!«, sagt Ellen lachend. »Und wenn Beruf und Berufung aufeinandertreffen, stehen die Chancen gut, ein großartiger Arzt zu werden. Hauptsache, es geschieht aus Überzeugung, Erfüllung und Passion.«

Und das ist vielleicht das Wichtigste, was uns Ellen beiläufig für dieses Buch mitgegeben hat. Vieles, was ich für meine Arbeit von ihr erfahren darf, ist schwer auf andere Passionen und Berufe anzuwenden. Das muss man auch nicht. Aber jeder von euch sollte wissen, dass Kreativität branchenübergreifend ist. In der sogenannten Kreativbranche arbeiten viele Menschen mit einer Einstellung, die man einem Finanzbeamten oder Buchhalter zuschreiben würde. Man kann, wie Ellen sagt, seine Berufung in allen möglichen Tätigkeiten finden. Wir wären so viel besser dran, wenn die Kreativität viel mehr in Amtsstuben, Chefetagen und Fabrikhallen einziehen könnte. Umgekehrt kenne ich Bäcker, Barkeeper und Gärtner, die Künstler sind.

Ich glaube, ich habe auch über die Jahre herausgefunden, was einen Kreativen von den anderen unterscheidet. Am Ende zählen nicht die geleisteten Arbeitsstunden, sondern da steht ein Werk. Und das kann im übertragenen Sinne jeder von uns hinterlassen. In jedem Beruf.

ÜBER LIEBE, SEX UND ZÄRTLICHKEIT

»Wer nicht mehr liebt und nicht mehr irrt,
der lasse sich begraben.«
(Johann Wolfgang von Goethe)

Als ich dreizehn war, fuhr mein Vater mit Lisa und mir an den Gardasee. Meine Mutter und meine ältere Schwester fanden diese Campingbustouren, die wir viele Jahre unternommen hatten, mit der Zeit anstrengend. Man konnte es meiner Mutter, die anfangs fröhlich ihre Beine auf dem Armaturenbrett des Busses liegen hatte und vor sich hin summte, förmlich ansehen, wie sie nach und nach die Lust daran verlor, nicht in einem Hotelbett schlafen zu können und obendrein Campingtoiletten benutzen zu müssen. Also waren wir zu dritt losgefahren, um ein paar gemeinsame Tage am altvertrauten Campingplatz zu verbringen, und der Rest der Familie war froh, etwas Ruhe vor uns zu haben. Ich fand es richtig toll, dass wir drei Zeit miteinander verbrachten, ohne dass die beiden erwachsenen Frauen – Susi war inzwischen volljährig – unser kindliches Idyll störten.

Ich war in jenem Alter, wo ein bisschen Vater-Sohn-Zeit wichtig ist. Wie viele deutsche Italienliebhaber kannten wir den Campingplatz »La Quercia« in Lazise in- und auswendig, wussten schon vor der Ankunft, was ungefähr auf dem Unterhaltungsprogramm des Abends stehen würde: Bingo, synchron in Gruppen einstudierte Partytänze und Popstar-Charade, bei der man Cuba Libre gewinnen konnte. Gerade diese Einfallslosigkeit in der Programmgestaltung von »La Quercia« erschien uns als eine Art von Verlässlichkeit, etwas Heimatliches in der Ferne. Ja, vielleicht waren wir darin typisch deutsch.

Bereits die vier Stunden Autofahrt über den Brenner waren ein Abenteuer gewesen. Und es sollte aufregend weitergehen. Schon kurz nach unserer Ankunft lernte ich ein paar ältere Jungs kennen, die den Stimmbruch bereits hinter sich hatten und einander Heldengeschichten mit Mädchenbekanntschaften erzählten, kurzum: Jungs, die sich normalerweise nicht mit Dreizehnjährigen abgeben.

Ich fand das schier unglaublich. Tim, der so etwas wie der Anführer der Gang war, und Angelo, der tatsächlich so hieß, obwohl er aus Böblingen stammte, gaben mir ungefragt Flirttipps. Was bedeutete, dass sie mir zutrauten, zum Schäkern mit Mädchen in der Lage zu sein. Ich wurde respektiert, und zwar als Mann. »Wenn dir ein Mädel gefällt, dann sag einfach: ›Hi, alles cool?!‹«, erklärte mir Tim. Ich erinnere mich heute noch exakt an seine Worte. »Und wenn sie sich umdreht, weißt du schon, dass sie Interesse hat.« Ich war ein unsicherer Junge, hatte eine Zahnspange und unglaublich viele Pickel im Gesicht. Mich plötzlich in einem Kreis möglicherweise sexuell aktiver Freunde zu befinden, machte mich stolz. Ich fand das alles irre gut. Und bis heute frage ich mich, was auf dieser Fahrt über den Brenner geschehen sein mochte, dass ich zum ersten Mal in meinem Leben so wahrgenommen wurde. Ich muss auf diese Buben etwas ausgestrahlt haben, was mich für sie interessant gemacht hat. Manchmal grüble ich heute noch darüber, was das wohl gewesen sein könnte.

Offenbar verfügte ich über eine gewisse Ausstrahlung, die ausreichte, meine pubertären Makel vergessen zu machen. Auf dem großen Platz, auf dem sich das tägliche Entertainmentprogramm abspielte, fanden wie jedes Jahr Bogenschießwettbewerbe und Animationsquatsch statt, was ich bislang immer fantastisch gefunden hatte. Senioren machten Wassergymnastik, irgendwo standen Feuerspucker, und eine Gruppe tanzte den »Las Ketchup«-Song. Was für ein deutsches Italienurlaubsidyll. Bloß meiner neuen Gang schien das alles etwas zu profan, wir ließen jedenfalls das Spektakel links liegen und bewegten uns Richtung Skatepark, der direkt dahinter lag. Schnell begriff ich auch, warum: Die Mädchen hier tanzten keine Choreografien.

Mir kam es vor, als wäre ich auf einem Beauty Contest gelandet. Und so geschah auch das völlig Absurde: Zwei wahrhafte Schönheiten kamen auf mich zu und begannen mit mir zu sprechen. Ja, zu sprechen! Wobei ich das nicht seriös bestätigen kann, da ich vor lauter Verwunderung und Überwältigung bloß diese wunderschönen roten prallen Münder sich wie in Zeitlupe bewegen sah. Wie aus einer Parallelwelt nahm ich wahr, dass man mich in das kleine Poolbecken, in dem tagsüber die Kinder planschten, lotsen wollte. Und plötzlich stand ich da mit einem breiten Grinsen, hüpfte in den Wellen auf und ab – und rings um mich herum befanden sich nur noch wohlgeformte Brüste und wunderschöne Popos junger Frauen, die hüpften und wackelten und ihre nassen Frisuren durch die heiße Sommerluft wirbelten. Betörend und anstrengend zugleich.

Eine primitive und niedere Begeisterung, wird nun mancher sagen, der sich nicht mehr erinnern kann, wie es ist, dreizehn zu sein.

Das Nächste, was ich wieder verstand, war, dass sich Tim und eines der Mädchen – ihr Name klang nach gutem Hause, Clara oder Chiara oder so – zum Sex verabredeten. Ich war baff und ein bisschen empört, wie so was abging.

Leider näherte sich nun der Zeitpunkt des Abends, zu dem ich mich als Dreizehnjähriger im Campingbus einzufinden hatte. Ich war es gewohnt, mich höflich zu verabschieden, sobald Papas Ultimatum anstand. Nun war klar, dass ich damit nicht mehr aus der Affäre kam: Die beiden Mädchen beschlossen kurzerhand, mit mir zu kommen, um meinen Vater davon zu überzeugen, mit mir in die Verlängerung gehen zu dürfen. Es war peinlich, da mir Vaters Antwort vorab bekannt war: nämlich, dass ich dreizehn sei, allein schon aufgrund des Jugendschutzgesetzes also überfällig und deshalb schnurstracks ins Bett zu gehen habe. Die bevorstehende Blamage schien unabwendbar.

Doch offenbar war dieser Tag noch nicht satt an Wundern: Ich werde nie den Gesichtsausdruck meines Vaters vergessen, als ich mit den beiden ankam. Die Mädchen wussten, wie man einen Vater zu umgarnen hatte, und flehten ihn an, mir noch bis Mitternacht Ausgang zu gewähren. Obwohl die beiden höchstens zwei Jahre älter waren als ich, strahlten sie bereits eine erwachsene Weiblichkeit aus. Und mein Vater schien auf eine Art stolz zu sein, dass die beiden die Gesellschaft seines pickeligen Jungen suchten. Während die Mädchen redeten, nahm er mich beiseite, zwinkerte mir zu und drückte mir einen 50-Euro-Schein in die Hand. Es war ein großer, toller Moment, der Geldschein beinhaltete unausgesprochen auch die Erlaubnis, Alkohol zu konsumieren. Er war offenbar beeindruckt. Hier passierte eine Art Initiation. Ich weiß nicht, ob er das getan hätte, wenn er auch nur geahnt hätte, was alles in den folgenden Stunden und Tagen passieren würde.

Wir gingen also zurück zum großen Platz, und ich gab den beiden Mädchen eine Rum-Cola aus. An einem Stand am See gab es Weinproben, wir nahmen ein Plastikbecherchen nach dem anderen, ich war natürlich recht schnell blau.

Ich torkelte selig zurück in mein Zelt, das vor dem Bus stand. Und übergab mich die ganze Nacht. Meine kleine Schwester, die in der Hängematte nebenan lag, beschwerte sich über die grauenvollen Kotzgeräusche.

In den folgenden Tagen passierten ziemlich viele erste Male, die älteren Jungs ließen mich etwa am ersten Joint meines Lebens ziehen. Unsere Clique wuchs, wir fanden weitere junge Menschen, die sich uns anschlossen. Ich fühlte mich, als würde ich jede Stunde des Abends ein großes Stück erwachsener werden. Was natürlich nicht stimmte, ich war bloß zu einem Teenager geworden, was bekanntlich das Gegenteil von Erwachsensein bedeutet.

Dann kam Kati, ich begann fürchterlich anzugeben, erzählte ihr, dass ich bald Abi machen würde und was ich dann studieren wollte. Sie hörte sich meine Ausführungen lächelnd an, und ehe ich michs versah, waren wir allein in ihrem Zelt gelandet. Mir wurde bewusst, dass ich gerade verführt wurde. Mein Herz begann zu pochen, Kati sollte keinesfalls merken, dass sie es mit einem jungfräulichen Anfänger zu tun hatte.

Ich war also in diesem Zelt, wir machten rum, und plötzlich passierte es, wir beide hatten offenbar – äh – Sex. Wenngleich es sich dann doch sehr davon unterschied, was man gemeinhin so vor Augen hat, wenn man sich einen leidenschaftlichen Liebesakt vorstellt. Doch ich gab mir redlich Mühe, es nützte trotzdem nichts. In dem Moment, als ich mein Glied in Katis Körper steckte, war ich auch schon gekommen. Der Satz, den ich daraufhin sagte, war spektakulär dämlich, denn ich wurde in der Sekunde wieder zu dem Dreizehnjährigen, der ich nun mal war. Ich sagte: »Aus die Maus.«

In jener Nacht schlich ich beschämt in mein Zelt zurück und beschloss, die Sache mit dem Sex erst einmal auf sich beruhen zu lassen. Das konnte jedenfalls nicht mein erstes Mal gewesen sein, also hakte ich die Sache ab und verweigerte die kommenden zwei Jahre jegliches noch so freizügige Angebot, das sich mir eröffnete. Das nächste »erste Mal« sollte besser sitzen. Und das war eine gute Entscheidung. Auf dem Gymnasium lernte ich mit fünfzehn Anna kennen, die gemeinhin als die schönste aller Schulkameradinnen galt. Mein selbst auferlegtes Zölibat sollte ich für sie brechen, und tatsächlich gelang das Unternehmen diesmal. Es war jenes großartige und für beide Seiten faszinierende Erlebnis, das man sich für seine Entjungferung wünscht. Anna und ich wurden daraufhin ein Paar. Mission gelungen.

Als Model und als Fotograf, der gerne sich selbst, aber auch andere nackt darstellt, hat man recht flott einen – nun ja –

zweifelhaften Ruf. Hinzu kommt, dass ich viel zu oft herumerzählt habe, mich als eine Art 21st-Century-Hippie zu betrachten. Ich musste oft feststellen, dass bei so mancher dabei die Fantasie durchgeht und geglaubt wird, ich hätte mit jeder einzelnen Person, die ich einmal nackt fotografiert habe, auch Sex gehabt.

Nun gehört es zur inszenierten Fotografie durchaus dazu, ein gewisses Mysterium zu erzeugen, bewusst Zweideutigkeiten entstehen zu lassen. Eigentlich amüsiert es mich, wenn die Betrachter meiner Fotografie sich vorstellen, wie die ikonografisch posierenden Nackedeis sich, unmittelbar nachdem das letzte Klick verklungen ist, gierig über das Fototeam hermachen. Funfact: Das passiert praktisch nie. Zumal man als Fotograf, der als Model die unangenehme andere Seite kennengelernt hat, keinesfalls ein weiterer Terry Richardson oder Bruce Weber sein möchte, die zu Recht inzwischen mit massiven Belästigungsvorwürfen zu kämpfen haben. Ich kann mir wirklich viel vorstellen, was ich sexuell ausprobieren möchte. Eine Sache gehört allerdings keinesfalls dazu: Sex mit jemandem zu haben, der selbst darauf keine Lust hat.

Schon zum Berufsbild eines Models gehört es, eine immense Begehrlichkeit und Sexyness um sich zu erzeugen, die Fantasie des Betrachters zu stimulieren. Es wäre gelogen, zu behaupten, dass Models nicht unheimlich viel Sex hätten. Was nun einmal passiert, wenn man junge lebenshungrige Menschen von Berufs wegen quer durch die Welt schickt und sie alle paar Wochen in einem anderen Modelapartment einquartiert, in dem viele andere Menschen schlafen, die mindestens so heiß aussehen wie man selbst.

Ich erinnere mich an ein Casting in Mexico City, wo unmittelbar nach meiner Ankunft die Direktive ausgegeben wurde, einander zu knutschen. Und zwar jeder mit jedem, möglichst innig und leidenschaftlich, da die Casting-Leute herausfinden wollten, wer mit wem das beste Match ergab. Leider standen den dreißig Jungs nur fünfundzwanzig Mädchen gegenüber, also hat sich ein Mädchen aus Guadalajara kurz entschlossen bereit erklärt, den verbliebenen fünf als Kusspartnerin zur Verfügung zu stehen. Natürlich bekam sie den Job.

Sagen wir so: Aufgeschlossenheit ist in diesem Geschäft nicht hinderlich.

In jenem mexikanischen Modelapartment, in dem ich später einmal einziehen sollte, wurde das Klischee über das Modeldasein durchaus erfüllt. Ich lebte mit einem schwulen Kollegen und elf weiblichen Models zusammen. Ich versuche, es möglichst dezent zu formulieren: Mit dem schwulen WG-Kollegen hatte ich nichts. Tatsächlich habe ich in dieser Zeit eine Art freie Liebe kennengelernt. Denn es gab keine Eifersucht, keine Besitzansprüche. Man vertrieb sich eben die Zeit, indem man miteinander rummachte. Trotzdem ist uns dabei nie der Respekt füreinander abhandengekommen. Als ich viele Jahre später die Kommunarden der 68er-Bewegung um Rainer Langhans kennenlernte, kam mir deren sogenannte freie Liebe viel gezwungener und von allen möglichen Philosophien eingeengt vor. Wir wollten keine Revolution anzetteln, sondern die Zeit zwischen den Partys und Fotoshootings möglichst kuschelig verleben. Mit etwas Abstand betrachtet, war diese Modelkommune eine ideale Schule – nicht, um ein möglichst perfekter Liebhaber zu werden, sondern ein respektvoller Mensch. Schließlich wohnte man mit seinen diversen One-Night-Stands unter einem Dach und gleichzeitig mit den vorherigen und nachfolgenden auch. Das funktioniert nur, wenn man lernt, nicht nur zu nehmen, sondern auch zu geben. Ich nahm eine ganz wichtige Erkenntnis mit: Intimität ist etwas, was Bestand haben muss, auch wenn diese nur für einige wenige Stunden körperlich stattfindet. Ich würde niemals Sex haben wollen, der mein Gegenüber unbefriedigt oder gar verärgert zurücklässt. Leider muss ich sagen, dass viele männliche Bekannte diese Ansicht nie verinnerlichen konnten. Die zahlreichen sexuellen Begegnungen, die ich in den Modeljahren hatte, stumpften mich nicht ab, machten mich nicht wahlloser, sondern im Gegenteil, sie sensibilisierten mich.

Weshalb ich irgendwann diese unglaubliche Lust entwickelt habe, mich splitternackt auszuziehen und selbst zu fotografieren, hat einen ganz anderen Grund. Es war eine Art Selbsttherapie. Sosehr ich die Umstände des Modellebens begrüßte und genoss, umso mehr verabscheute ich es, ständig Klamotten anziehen zu müssen, die ich vorgegeben bekam. Bei den sogenannten Katalogjobs waren das teilweise 100 oder 200 Outfits, in die man hinein- und wieder hinausschlüpfte, bis sich Ausschläge auf der Haut bildeten. Ein Paar Schuhe nach dem anderen, bis man Blasen an den Füßen hatte. Als ich nebenher begann, eigene Fotos zu schießen, wurde mir die Frage des Stylings lästig. Die Lösung war spontan und einfach: Ich begann mich der Frage, welche Mode auf einem Bild zu sehen sein würde, zu entledigen. Also nackt.

Hinzu kam, dass ich auf meinen Reisen die atemberaubendsten Landschaften kennenlernen durfte, mir aber Landschaftsfotografie als solche öde vorkam. Eine Gegend ergab für mich und meine Bilder erst so richtig Sinn, wenn sich auch ein Mensch in ihr befand. Mode gehörte allerdings nicht zu diesem Arrangement. Und das war es eigentlich schon mit der ganzen Nacktheit: kein Sex, keine Orgien. Sorry, Guys.

Für mich ist diese Entwicklung perfekt gelaufen, sie hat exakt dorthin geführt, wo ich schließlich ankommen sollte: bei einer großen Liebe und jener Partnerschaft, die ich mir gewünscht hatte. Das heißt nicht, dass diese Entwicklung exemplarisch sein muss und für andere automatisch auch funktioniert. Ich kenne Modeljungs, die unter exakt den gleichen Umständen zu völligen Irren geworden sind, die man keinem Mädchen wünschen will.

Ich kenne Menschen, die monogam durchs Leben gehen, mit einem der ersten frühen Sexualpartner ihr Leben zusammen verbringen. Vielleicht wären Marybeth und ich zusammengeblieben und hätten geheiratet, wenn ich nicht so jung und unerfahren in diese Beziehung gerauscht wäre. Wer weiß das schon.

Generell ist alles, was wir Menschen seit 300 000 Jahren anstellen, immer irgendwie auf dieses Sex-Ding ausgerichtet. Unsere ganze menschliche Kultur funktioniert im Prinzip über den Trieb. Keine Religion existiert ohne die zentrale Frage, wie man es mit dem Heiraten und Fremdgehen zu halten hat. Die Aufklärung geht mit der romantischen Liebe einher, und heute haben wir MeToo und Kampagnen gegen Catcalling, mit denen sich Frauen davon zu befreien versuchen, dass ihnen Männer hinterherpfeifen. Ich glaube trotzdem, dass wir immer noch allzu eng mit brusttrommelnden Gorillas verwandt sind, die jederzeit darauf aus sind, ihr Erbgut wahllos zu spreaden. Die Weiterentwicklung unserer Gesellschaft hängt letztendlich davon ab, wie gut es uns Männchen gelingt, das brunftige Biest in uns zu zähmen.

Nachdem Marybeth und ich getrennte Wege gegangen waren, kam ich wieder nach New York zurück – das muss etwa 2013 gewesen sein. Im »Boom Boom Room« des stylishen Standard Hotels, dem damals heißesten Ort der ganzen Stadt, wurde mein inneres Tier auf die Probe gestellt. Es war ein gigantischer Klub, durch große Panoramafenster konnte man die Skyline der Stadt sehen. Ich datete gerade Florentine, ein französisches Mädchen aus Nizza. Endlich einmal kein Model, Florentine arbeitete im Marketing eines New Yorker Fashion-Start-ups. Sie war zierlich, auf bestimmte Art französisch, unschuldig, zurückhaltend. Dachte ich.

Schon beim Reinkommen hatte ich bemerkt, dass Jay-Z mit seiner Posse im Raum war, nun stieg er auf den runden mittleren Tresen und begann zu performen. Natürlich gab er erst einmal sein »Empire State Of Mind« zum Besten – seine New-York-Hymne, die inzwischen jener von Frank Sinatra so gut wie ebenbürtig ist. Florentine fing sofort an zu tanzen, erst entledigte sie sich ihrer Zurückhaltung, kurz darauf ihres unschuldigen Auftretens. Jay-Z begann nun von seiner Bar »Big Pimpin« zu rappen, kein sehr subtiles Lied. »It's big pimpin' baby, it's big pimpin', spendin' G's Feel me uh-huh uh, uh-huh.« Während wir ausgelassen herumtanzten, flüsterte mir Florentine ins Ohr, dass sie jetzt unbedingt diese berühmten Toiletten sehen wolle, von denen man ebenfalls einen Blick über die gesamte Stadt haben würde. Ich guckte sie ungläubig an und schaute in zwei

Glutaugen, die keine Fehlinterpretation zuließen, was gleich geschehen sollte.

Florentine zog mich in die Kabine und verschloss mit weiterhin vielsagendem Blick die Tür. Da standen wir nun, und der Ausblick war wirklich atemberaubend. Florentine begann mich zu küssen und flüsterte mir ins Ohr, dass sie hier und jetzt von mir entjungf... Oh, mein Gott, Florentine war noch Jungfrau.

Es ist wie gesagt ein Drama mit dem ganzen Adrenalin, das durch einen hindurchsprudelt, alles in allem keine gute Voraussetzung für nüchterne Vernunftentscheidungen. Zumal, wenn man Alkohol konsumiert, also jegliche Schüchternheit betäubt hat. Glücklicherweise erledigte mein Bauch, was mein Kopf nicht mehr hinbekam. Oder war es mein Herz? Während Florentine splitternackt vor mir stand und dabei war, auch meine Klamotten auf den Boden zu werfen, überkam mich ein Schwall des Zweifels. Niemand sollte auf einer Klokabine entjungfert werden, sagte ich mir, auch wenn es die luxuriöseste Klokabine der Welt sein würde. Aus die Maus, Teil zwei. Doch ganz anders, ich nahm Florentine in meine Arme, und wir setzten uns vor die gläserne Wand, kuschelten und genossen den Blick auf das Empire State Building.

Es sollte eine wunderschöne Nacht werden. Am nächsten Tag musste Florentine zurück nach Nizza, sie hat sich nie wieder gemeldet. Was mich noch sicherer macht, damals das Richtige getan zu haben.

Ich habe nie so ganz verstanden, wieso die Menschheit seit jeher einen derartigen Eiertanz aufführt und wir uns so fürchterlich genieren, wenn es um Sexualität geht. Von allen Säugetierarten – es sind ungefähr 5500 – gibt es keine, die sich ihrer Freuden beim Fortpflanzungsakt schämt. Kein Vieh beißt das andere aus Eifersucht tot. So kultiviert sind wir Menschen leider nicht.

Ich hatte das Glück, mit Schwestern aufzuwachsen. Vor allem meine ältere ist relativ gnadenlos mit meiner Pubertät umgegangen. Ich weiß noch, dass ich mit elf auf der Wohnzimmercouch unglücklicherweise einen Ständer bekam. Ich trug noch dazu eine Pyjamahose, auf der große Comic-Sprechblasen mit »Bäm!« und »Buumm!« und »Bäng!« waren – und plötzlich wölbte sich eine Beule durch den Pyjamastoff empor. Himmel, war das peinlich, meine Schwester Susi feierte den Umstand, als hätten wir ein kleines Hündchen in der Familie aufgenommen, wollte es allen zeigen und die Größe nachmessen. Es war erniedrigend. Und doch ein guter Start in das Thema Sexualität, weil ich von da an keine Scheu mehr empfand, auch mit ihr offen darüber zu reden. In der Schule war ich vermutlich der Junge, der am wenigsten Schwierigkeiten hatte, Begriffe wie Vagina oder Vulva auszusprechen, noch dazu wusste ich, was das ist, und kannte mich auch bis ins Detail damit aus, was bei der Monatsblutung vor sich geht.

Ein weiterer Vorteil meiner privaten Sexualkundeerziehung war der Umstand, dass wir in der Balanstraße im gleichen Haus mit zwei ganz besonderen Mädchen in meinem Alter wohnten. Larissa und Elena waren die Töchter der Betreibers des Münchner »KittyCatClubs«, der mit dem weltberüchtigten »KitKatClub« in Berlin mehr als nur den ähnlich klingenden Namen gemeinsam hatte. Die Eltern hatten sich entschlossen, den Mädchen nicht zu verheimlichen, was an Mamis und Papis

Arbeitsplatz so ungefähr passiert, wovon auch ich profitierte. Es ging sogar so weit, dass wir einmal ernsthaft erwogen hatten, unseren Kindergeburtstag im Etablissement der Eltern abzuhalten. Wir Kinder hätten in den ulkigen Käfigen, die dort herumstanden, sicher unser Vergnügen gehabt, darin Vögel zu mimen, die darin wohl lebten. Ich hatte bereits entschieden, ein Flamingo sein zu wollen. Ein Fetischclub wäre perfekt für Kinderfeste gewesen – alles so bunt, plüschig, und abwaschbar. Leider kam es nie dazu, da nicht alle Eltern diese Vorzüge des Kittycat-Clubs gleichermaßen zu schätzen wussten.

Es gibt sicher eine Reihe von Menschen, die sich um Larissa und Elena Sorgen gemacht hätten, ob der frühkindlichen Bekanntschaft mit der Erotikwelt. Doch das war völlig unnötig. Die beiden waren die wohl aufgeklärtesten Mädchen, die man sich nur vorstellen konnte, gleichzeitig aber in jeder Hinsicht wohlbehütet. Ich lernte von den beiden unheimlich viel, sie zeigten mir völlig unverklemmt, wo und wie man eine Frau anfasst, ohne dass zwischen uns je eine sexuelle Spannung aufgekommen wäre. Elena oder Larissa rief manchmal auf dem elterlichen Festnetztelefon an, rief: »Drei, zwo, eins, los!« – und dann mussten wir uns um die Wette selbst befriedigen. Zusammen entdeckten wir im Bogenhausener Cosimabad die erotischen Möglichkeiten, die das Wellenbad und die dort vorhandenen Düsen bereithielten. Und doch blieb alles zwischen uns keusch und »rein wissenschaftlich«.

Was wir damals voreinander nicht empfanden, war Scham. Diese Offenheit konnte ich mir weitgehend erhalten, und sie hat mich sicher fürs Leben geprägt. Ich kann mich auch heute noch sehr ungezwungen über Sex unterhalten, was bei vielen

Menschen leider nicht der Fall ist. Die wichtigste Lehre, die ich jemals zum Thema Liebe und Sex erhalten habe, war am Ende doch jene von meinem Vater. Selbstverständlich war er, wie vermutlich alle Eltern, außer jenen von Elena und Larissa, zu spät damit dran, mit dem Kind den Fortpflanzungsakt zu besprechen. Die »La Quercia«-Campingplatz-Erfahrung hatte ihn offenbar darauf gebracht. Er war generell nicht so der »Junge, wir müssen reden«-Typ. Irgendwann stand er auf dem Balkon und sah aus, als würde er angestrengt über etwas nachdenken, dann kam er zu mir ins Zimmer, setzte sich an mein Bett und fragte mich, ob ich über »diese ganzen Sachen, Verhütung und so« Bescheid wisse. Ich erklärte ihm etwas altklug, dass er für dieses Gespräch inzwischen viele Monate zu spät sei. Es war – wie solche Gespräche nun mal verlaufen – etwas peinlich und unentspannt. Dann aber kam doch ein wichtiger Moment, als er sagte: »Weißt du, also ich hab ganz schön viel falsch gemacht mit Frauen, also vor deiner Mama, verstehst du?« Ich schluckte etwas, da ich merkte, dass unser Gespräch nun den üblichen Rahmen verließ. Dann stand er auf, sperrte das Kistchen im Bücherschrank auf, in dem er seine privaten Dinge aufbewahrte, und nahm ein Buch heraus. Es war »Die Kunst des Liebens« von Erich Fromm, der mir natürlich nichts sagte. »Lies das mal, ich hab's leider erst zu spät gelesen.« Ich nahm es nickend entgegen und fing an, es nach und nach regelrecht aufzusaugen.

Das Buch habe ich bis heute immer irgendwo griffbereit liegen. Kürzlich ist mir ein Eselsohr aufgefallen, das da jemand bewusst reingemacht haben musste. Ich weiß nicht, ob es mein Vater war. »Wenn das, was ich zu zeigen versuche, zutrifft – dass nämlich die Liebe die einzig vernünftige und befriedigende Lösung des Problems der menschlichen Existenz darstellt, dann muss jede Gesellschaft, welche die Entwicklung der Liebe so gut wie unmöglich macht, auf die Dauer an ihrem Widerspruch zu den grundlegenden Bedürfnissen der menschlichen Natur zugrunde gehen«, schreibt Fromm da. »Dass dieses Bedürfnis so völlig in den Schatten gerückt ist, heißt nicht, dass es nicht existiert. Das Wesen der Liebe zu analysieren heißt, ihr allgemeines Fehlen heute aufzuzeigen und an den gesellschaftlichen Bedingungen Kritik zu üben, die dafür verantwortlich sind. Der Glaube an die Möglichkeit der Liebe als einem gesellschaftlichen Phänomen und nicht nur als einer individuellen Ausnahmeerscheinung ist ein rationaler Glaube, der sich auf die Einsicht in das wahre Wesen des Menschen gründet.« Ich musste die Sätze circa zehnmal lesen, bevor ich deren Aussage verstand. Halbwegs zumindest. Nämlich dass alles, was ich über Liebe, Sex und Zuneigung im Allgemeinen zu glauben wusste, nur ein kleiner Schimmer davon war, was sein könnte. Liebe als Grundgesetz einer Weltordnung – was für eine Idee.

Die erste Frau, bei der mich der Impuls überkam, das kleine, aber so aufgeladene Sätzchen »Ich liebe dich« auszusprechen, war jene Anna aus der Schulzeit. Für den Fünfzehnjährigen, der ich damals war, bedeutete dies einen Riesenakt. Sie war zuvor mit Kevin zusammen gewesen – einem Grobian aus jener Mobbingbande an unserem Gymnasium, die auch mich quälte. Ich hatte es immer verachtet, wie er mit ihr umgesprungen war, und verstand nie, was sie an ihm gemocht haben mag. Hätte mir das nicht ein Gefühl des Triumphs bereiten sollen, dass ausgerechnet dieses Mädchen plötzlich mit mir Händchen haltend auf dem Pausenhof saß? Aber dafür war in meinem Gefühlsspektrum längst kein Platz mehr. Ich hatte keine Schmetterlinge im Bauch, auch keine Flugzeuge – wenn schon, dann ganze Weltraumstationen. Um an unserer Schule als Junge etwas zu gelten, gehörte es dazu, »mit einem Mädchen zu gehen«, wie gesagt wurde. Um wirkliche Beziehungen handelte es sich dabei natürlich nicht. Dann kamen Anna und ich. So fielen wir beide, die wir uns wirklich innig aufeinander eingelassen hatten, aus der Reihe des üblichen Liebesgeplänkels. Jeder konnte sehen, dass wir zu einer anderen Qualität gefunden hatten als die meisten anderen Gymnasiumsliebeleien. Zwei Jahre blieben wir ein Paar.

Für durch die Welt jettende Models sind ernsthafte Liebesbeziehungen eine ziemliche Herausforderung. Die meisten lassen es lieber und genießen die ungezwungenen Möglichkeiten einer Branche, in der die »freie Liebe« nicht als revolutionäre Idee gilt, sondern als Berufskrankheit. Manchen gelingt das Ausnahmekonzept, sich als Pärchen auf dem Modelmarkt zu etablieren und dann von ihrer Agentur im Doppelpack vermarktet und durch die Welt geschickt zu werden. Manchmal funktioniert das, oft aber geraten diese Beziehungen zu kommerziell stilisierten *Ken & Barbie-Couples,* was für eine emotional aufrichtige Liebe selten förderlich ist.

Mir ist in jener Zeit eigentlich nur eine wirkliche Beziehung gelungen, die den Begriff Liebe verdient – und das war jene mit Marybeth. Das Interessante an Liebesbeziehungen ist, dass man nur bei der allerersten glaubt, alles über die Liebe zu wissen. Erst mit der Zeit und mit unterschiedlichen Partnern begreift man, dass es keinen Masterplan gibt und die Karten im wohl aufregendsten Spiel des Menschseins immer wieder aufs

Neue gemischt werden. Wenn man meint, die Regeln endlich begriffen zu haben, gelten diese nicht mehr. Nur wer verinnerlicht, dass jede Kombination, in der man sich zum Paar vereint, auf ihre ganz eigene Weise funktioniert, hat eine Chance, sich darin weiterzuentwickeln. Wer meint, ein Profi in Liebesdingen zu sein, ist am Ende der blutigste Dilettant.

Die wichtigste Regel im Love Club lautet: Es gibt keine Regeln im Love Club. Es existieren allerhöchstens Hinweise auf das Gelingen einer Beziehung. Vertrauen und Ehrlichkeit, klar. Vermutlich hilft es, einen gemeinsamen Humor auszuloten, über dieselben Dinge zusammen kichern zu können. Ich habe ja bereits den guten alten Jesus zitiert und meine Begeisterung für seine grandiose Philosophie, den Nächsten wie sich selbst zu lieben, zum Ausdruck gebracht. Für eine große emotionale Bindung bedarf es der Steigerung dieses Merksätzchens: Liebe deine Liebste/deinen Liebsten noch viel mehr als dich selbst. Wenn ich es mir recht überlege: Streicht das, was ich vorhin gesagt habe. Es gibt nämlich sehr wohl eine Regel im Love Club, nämlich: das Ich dem Wir unterzuordnen.

Meine größte Liebe heißt Amina. Ich bin durch die ganze Welt gereist, um sie schließlich dort zu finden, wo ich aufgewachsen bin. Wir kannten uns schon als Kinder, sie ist in meiner Nachbarschaft groß geworden. Ich glaube, sie war sogar einmal bei einem meiner Kindergeburtstage zu Gast. Viele Jahre später sind wir uns in München wiederbegegnet, ich arbeitete als Barkeeper, sie tanzte in ihrer ganzen Schönheit durch die Klubs. Ich war voller Glück, sie wiederzusehen. Doch immer wenn ich sie ansprechen wollte, ihr sagen wollte, wie großartig ich sie finde, stellte ich mich saudumm an.

Vielleicht ist das gemeint, wenn man sagt: Dem bleibt die Spucke weg.

Einmal bin ich auf sie zugelaufen, habe sie hochgehoben – und merkte, wie daneben sie das fand. Ich spürte förmlich, wie ich schlitterte und wie sich angesichts dieser Frau alle Aufreißtaktiken, die man als Junge in der bayerischen Provinz nun mal so mitbekommt, in absoluten Blödsinn verwandelten.

Ich weiß noch, wie ich etwas verzweifelt an der Werbung von Blumenfachgeschäften vorbeilief, die den bevorstehenden Valentinstag ankündigten, und beschloss, es mit der guten alten Romantik zu versuchen.

Seit dem Jahr 469 ist der Valentinstag der Tag der Liebespaare. Benannt wurde er – so verriet mir Wikipedia – nach gleich drei Heiligen, die zwei Dinge gemeinsam hatten: Sie hießen Valentin, und sie waren Märtyrer. Ich heiße zwar Simon, aber auch meine Valentinstagsgeschichte war eine Art Martyrium. Da mir klar war, dass ich stottern würde, wenn ich sie anriefe, habe ich ihr geschrieben. Die Facebook-Nachricht lautete ungefähr so: »Hi Amina, ich würde mich sehr freuen, wenn ich Dich am Valentinstag bekochen dürfte, darf ich Dich einladen?«

Aminas Absage war höflich, aber es war eine Absage. Ich lernte andere Mädchen kennen, aber als der nächste Valentinstag sich näherte, dachte ich bloß daran, ihn mit Amina zu verbringen. Nächster Plan: Ehrlichkeit. Vielleicht lag es ja auch an Facebook? Nun also schrieb ich ihr auf Instagram: »Amina! Was meinst Du, geben wir dem Valentinstag noch eine Chance? Und Du mir?«

Aber auch Amina hatte in der Zwischenzeit andere Jungs kennengelernt. Und verbrachte den Valentinstag mit einem davon. Seit 469 waren inzwischen 1547 Jahre vergangen, was also sind schon zwei davon, in denen ich versagte? In der Zwischenzeit hatten wir uns alle WhatsApp auf dem Smartphone installiert, also schrieb ich dort: »Was meinst Du, stimmt es eigentlich, dass aller guten Dinge drei sind? Valentinstag, Dinner bei mir? 😊« Ja, ja, schüttelt nur den Kopf darüber, wie dumm man sich anstellen kann. Doch diesmal klappte es.

Als sie vor meiner Tür stand, lernte ich ein neues Gefühl bei Dates kennen: Ich war unendlich nervös. Amina hat es geschafft, mich völlig aus dem Konzept zu bringen. Manchmal ist es vielleicht gar nicht so gut, nur selbstsicher und souverän zu sein. Endlich ein Match. Wir sollten den Abend als Paar beenden. Obwohl uns das da noch nicht ganz klar war. Aber so ist es gekommen.

»Es geschah am Valentinstag, Als jeder Vogel kam, um seinen Partner zu wählen«, schrieb ein mittelalterlicher Dichter 1382. Amina und ich sind seit unserem gemeinsamen Abend zusammen geflogen. Manchmal fehlen mir immer noch die Worte. Aber das Gute ist: Sie hat mich fortan auch so verstanden.

Würde dieses Kapitel hier enden, könnte man es als Stoff für eine Romantic Comedy an Hollywood verscherbeln. Aber das wird mit uns nicht klappen. Je mehr wir zusammengewachsen sind, desto aufreibender und aufwühlender ist es für uns beide geworden. Und das war auch gut so. Ich dachte lange, dass sich die wahre große Liebe in einer perfekten Harmonie auflöst. Das Gegenteil ist der Fall. Erinnert ihr euch an diese Metapher aus der Freud-Serie bei Netflix – die mit den dunklen Kellern und dem unaufgeräumten Dachboden im eigenen Seelengebäude, die ich eigentlich lieber versperrt lassen würde? Amina ist durch all meine Stockwerke gewirbelt, um in diesem Bild von der Architektur des eigenen Wesens zu bleiben, und darin eingezogen. Und ich war gerne bereit, ihr die Schlüssel dazu zu geben. Doch wenn man sich wirklich liebt, dann will man das ganze Haus aufmachen. Ich ließ sie also auch in den verborgenen Ecken den Staub aufwirbeln und die Spinnweben meines Ichs wegfegen. Ich glaube fest daran, dass eine ehrliche und offene Beziehung nur so funktioniert. Das heißt nicht, dass man jedes Geheimnis offenbart, doch aus der Wahrheit deines Wesens solltest du keines machen. Das Schwere daran ist nicht, diese Türen für Amina aufzureißen, sondern auch selbst mit hineinzuschauen.

Es klingt so unendlich romantisch, wenn man sagt, dass man sich im jeweils anderen spiegelt und wiederfindet. Doch das ist es nicht, zumindest nicht nur. Man muss schließlich ertragen, dabei sich selbst zu sehen. Dort versteht man dann, was Liebe ist. Die Dinge, die man an sich nicht mag, zu erkennen und hell ausgestrahlt zu sehen. Und zu wissen, dass auch der andere sie nun kennt. Und einen dafür in den Arm nimmt.

WAS MIR DIE BERÜHMTESTE SEX-EXPERTIN DER WELT IN SACHEN LIEBE RÄT

MIT DR. RUTH WESTHEIMER

Mit meiner Schwester sowie den lehrreichen Nachbarsmädchen Elena und Larissa hatte mir das Schicksal freundlicherweise sehr versierte Sexualratgeberinnen zur Seite gestellt. Ich war also nie darauf angewiesen, eher zweifelhafte Coaches wie das notorische *Dr. Sommer*-Team der Zeitschrift *Bravo* zu konsultieren. Damit hatte ich erst als Jungmodel mit achtzehn zu tun, als man mich dort engagierte, um als einer der nackt fotografierten Teenies Auskunft über mein Liebesleben zu geben. Ich nannte mich Felix aus Baden-Baden, die *Bravo*-Redakteure waren es gewohnt, dass ihre Models sich lieber nicht mit ihrem Klarnamen präsentieren wollten. Neben dem Buch von Erich Fromm gefiel mir nur eine Ratgeberin für Liebesfragen noch besser als meine Experten-Mädels, und das war die legendäre New Yorker Sex-Expertin Ruth Westheimer, besser bekannt als »Dr. Ruth«. Sie ist heute in ihren Neunzigern und hat dem prüden Amerika mit ihrer Offenheit den einen oder anderen Schock verpasst. Für das Magazin *Esquire* hatte ich die Möglichkeit, mit ihr zu telefonieren und sie persönlich zu befragen.

»Dr. Ruth, In welcher Zeit waren die Menschen sexuell am aufgeschlossensten?«

»Kann ich nicht sagen. Auch in den Zwanzigern oder Sechzigern, als es sogenannte sexuelle Revolutionen gab, wussten die Leute bestimmt nicht besser Bescheid als heute. Selbst in der Ära der ›freien Liebe‹ gab es viel mehr Frauen, die nicht zum Orgasmus, und ebenso viele Männer, die frühzeitig zum Erguss gekommen sind. Wir brauchen immer noch mehr Sexualaufklärung, auch wenn wir weitergekommen sind, als wir es waren.«

»Mit welcher Sexualmoral sind Sie aufgewachsen?«

»In meiner Kindheit hat niemand über Sex gesprochen. Es gab in meinem Elternhaus ein Buch, der Sexualratgeber eines gewissen Wanderwende. Ich wusste, wo es versteckt war und wie ich auf den Tisch steigen muss, um da dranzukommen, wenn keiner zu Hause war. Eigentlich ein Wunder, dass aus so einem Mädchen die berühmteste Sexualtherapeutin auf der ganzen Welt geworden ist.«

»Wann ist es Ihnen gelungen, sich von alten Moralvorstellungen frei zu machen?«

»Sie müssen wissen, dass in der jüdischen Tradition Sexualität nie eine Sünde war. Es gehört zu den Pflichten des Mannes, die Frau zu befriedigen. Toll, nicht wahr? Zugebenermaßen gilt das nur für Verheiratete, freie Liebe ist nicht. So sind sie, die Religiösen.«

»Aber Ihre jüdische Prägung hat Ihnen geholfen?«

»Genau, weil es eben nie Sünde war.«

»Ist es nicht generell seltsam, dass so viele Religionen Sex für etwas Schlechtes halten?«

»Ich will nicht über Religionen reden. Es ist nicht mein Gebiet, und wenn ich etwas gelernt habe, dann, nicht über Dinge zu reden, von denen ich keine Ahnung habe.«

»Dann kommen wir zu Ihrem Fachgebiet: Talking about Sex. Was sind die eigenartigsten Vorlieben, die Ihnen begegnet sind?«

»Jeder fragt mich das, und ich habe nie eine Antwort. Einmal hat man mich über Sex mit einem Hund gefragt. Aber ich bin ja keine Veterinärin. Nächste Frage.«

»Soll man seinem Partner offen erzählen, was man so alles im Leben getrieben hat?«

»Definitiv nein. Ihre Frau möchte nicht wissen, dass die Freundin davor schönere Brüste oder der Liebhaber einen größeren Penis gehabt hat. Verstanden?«

»Ich werde es mir merken.«

»Sagen Sie es Ihren Lesern: Mund halten!«

»Wie seriös ist es, im Fernsehen oder im Radio die Menschen und ihre Sexualität ergründen zu wollen, so wie Sie es getan haben?«

»Gar nicht. Man kann nie im Radio oder im Fernsehen Therapie machen. Man kann nur erklären, wie eine Therapie helfen könnte. Ich finde, dass es heutzutage gut im Internet funktioniert, wenn Menschen in Notsituationen sind. Gewisse Ratschläge sind da möglich, diesbezüglich habe ich meine Meinung geändert.«

»Darf ich trotzdem mal ein kleines Experiment vorschlagen? Wie würden Sie mich analysieren?«

»Keine Ahnung, was beschäftigt Sie?«

»Ich habe zum Beispiel eine Vorliebe, nackt zu sein, habe mich als Fotograf selbst und andere viel nackt fotografiert. Wieso mache ich das eigentlich so gerne? Haben Sie eine Idee, Dr. Ruth?«

»Keine Idee, aber eins will ich Ihnen sagen: Wenn sich jemand nackt fotografieren lässt, vielleicht sogar mit Erektion, muss man davon ausgehen, dass diese Bilder nie verschwinden. Und wenn die nächste Freundin das sieht, dann sagt sie vielleicht Auf Wiedersehen.«

»Nein, niemals mit Erektion. Es sind, glaube ich, künstlerische Bilder.«

»Wenn es mit gutem Geschmack gemacht worden ist, sage ich: viel Vergnügen. Nächste Frage.«

»Ich habe sexuell viel ausprobiert und ausgelebt.«

»Schön für Sie.«

»Ich hatte aber auch das Glück, fast vier Jahre in einer glücklichen und festen Beziehung zu leben. Meinen Sie, es ist wichtig im Leben, beides gehabt zu haben?«

»Natürlich ist es wunderbar, wenn man beides kennenlernen durfte. Aber wie ich sagte: Halten Sie den Mund. Überhaupt sollte man nicht vergleichen. Mit einem gewissen Abstand darf ich Ihnen sagen, dass es das größte Geschenk ist, nicht einsam zu sein.«

»Was sind die wichtigsten Schlüsse, die Sie aus all Ihren Forschungen und Gesprächen gezogen haben? Was muss ich tun, um sexuell frei und glücklich zu sein?«

»Das Wichtigste ist ein guter Partner. Ob es ein Mann ist oder eine Frau, das ist egal. Man darf nie verlernen, sich an seinem Partner zu erfreuen und sich füreinander Zeit zu nehmen. Respektieren Sie die Wünsche des Partners, nehmen Sie sich Zeit, um Sex zu haben. Nicht irgendwann nur noch nebenher, wenn man eigentlich schon müde ist.«

»Wieso haben so viele Menschen Angst vor dem, was andere im Bett tun?«

»Es ist weniger Angst, vielleicht ein bisschen Neid, weil andere aufschneiden und erzählen, dass sie vier Stunden lang können. Ein Problem sind Pornofilme, viele denken, das sei die Realität der anderen. Das ist natürlich Quatsch. Niemand hat eine Erektion, die vier Stunden hält. Übrigens auch kein Journalist von *Esquire!*«

»Zwischen Mann und Frau scheint es zurzeit wieder komplizierter zu werden. Heute fühlen sich viele sexuell schnell belästigt.«

»Es ist wichtig, dass wir Sexualität ernst nehmen und keinen Witz daraus machen. Dann fühlt sich auch niemand belästigt. Wissen Sie, was am besten gegen Aids oder andere sexuell übertragbare Krankheiten wie Gonorrhö oder Syphilis hilft? Man soll sich freuen, wenn man einen festen Partner hat. Und man soll die Beziehung pflegen. Blumen bringen, Blumen schicken. Nicht nur am Geburtstag.«

»Wie schafft man es, Kinder zu einer gesunden und respektvollen Sexualität zu erziehen?«

»Man muss sicherstellen, dass die Kinder die Eltern alles fragen können. Und nicht sagen, das ist schmutzig oder über das redet man nicht. Das muss nicht beim Abendessen sein. Aber Eltern müssen damit offen umgehen, um ihre Kinder gut aufzuklären. Jedes Mädchen sollte in der heutigen Zeit alles über Menstruation wissen, weil sie alle früher menstruieren und, auch wenn sie das Internet haben, nicht wissen, warum. Gleiches gilt für den männlichen Erguss.«

»Wie sagt man jemandem am besten, dass man ihn sexy findet, ohne Grenzen zu überschreiten?«

»Am besten mit einem Blumenstrauß.«

»Ist das zeitgemäß?«

»Natürlich.«

»Wie ist das mit der Treue? Wieso soll man eigentlich monogam leben?«

»Ich bin nicht für freie Liebe, sondern dafür, dass Leute sich binden. Und sich darüber freuen, dass sie eine feste Verbindung haben. Es gibt ein jüdisches Gebet, das jeder Mann seiner Frau am Freitagabend sagt. Nämlich: Es gibt viele Frauen, die erfolgreich arbeiten oder wunderbar die Kinder erziehen, aber du bist die Beste. Das ist der wichtigste erotische Satz, den ich kenne: ›You are the best.‹ Das ist sexuell erregend.«

»Bin ich glücklicher, wenn ich jeder sexuellen Neigung, die in mir schlummert, nachgehe und diese auslebe?«

»Ganz bestimmt, aber sie müssen das vorsichtig erklären. Wir wissen, dass es okay ist, dass manche Menschen zum Beispiel homosexuell sind. Aber wir wissen eigentlich nicht, warum es so ist. Man muss offen mit allem umgehen und hoffen, dass es akzeptiert wird. Und wenn nicht: ausziehen und ein eigenes Leben führen.«

»Wäre die Menschheit besser dran, wenn es Eifersucht nicht gäbe?«

»Eifersucht ist immer dabei. Deswegen bin ich gegen Dreierbeziehungen, denn wenn einer davon im Bett besser ist, dann ist die Eifersucht da. Eifersucht ist immer das Ende von allem.«

»Haben Sie aus Ihrer Beschäftigung mit Sex etwas über Ihr eigenes Liebesleben lernen können?«

»Ich spreche nie über mich. Aber ich habe viel gelernt. Und es zu über vierzig Büchern darüber gebracht.«

»Punkt.«

»Nein: Ausrufezeichen!«

»Was lernt man über Sexualität, wenn man älter wird und nicht mehr über die klassischen sexuellen Reize verfügt?«

»Ein Mann muss lernen, früh am Morgen sexuell aktiv zu sein. Nicht am Abend, wenn er müde ist. Das wird im Alter wichtiger. Eine Frau muss wissen, mit ab fünfzig etwa mit einer Gleitcreme umzugehen. Die Vagina muss gut eingecremt sein. Mein Tipp: In der Früh aufstehen, kleines Frühstück, zurück ins Bett, dann hat der Mann die beste Erektion. Und es ist nicht wahr, dass Frauen nicht sexuell tätig sein wollen in der Früh, ausgeschlafen ist es immer am besten. Merken Sie sich das?«

»Ich bin erst in zwanzig Jahren über fünfzig, aber ich notiere es mir.«

»Gute Idee.«

»Wie erkläre ich meiner Partnerin, dass ich gerne mal Neues ausprobieren würde?«

»Bei einem Glas Wein, besser noch Champagner. Der andere möchte informiert werden. Wenn die Partnerin oder der Partner dagegen ist, einfach die Fantasie benutzen, niemals etwas erzwingen.«

»Ich notiere: eine Flasche Wein besorgen.«

»Besser Champagner!«

»Woher weiß ich, dass meine Fantasien noch okay sind?«

»Ein bisschen Fantasie ist immer wichtig, um den Alltag wegzukriegen und guten sexuellen Verkehr zu haben. Aber man muss wissen, was Realität ist und was Fantasie. Und bitte nicht traurig sein, wenn manches Fantasie bleibt und nicht wahr wird.«

Es war zugegebenermaßen eine etwas schräge Idee, ausgerechnet mit einer 92-jährigen Dame über Sexualität und Sexualmoral zu plaudern. Ich habe es dennoch getan, gerade weil ich es spannend finde, wie sich die Vorstellungen über das sexuelle Miteinander über die Jahre und Jahrzehnte verändert haben. Und manches wohl für immer Gültigkeit besitzt.

Mich hat an ihr immer fasziniert, dass sie in jenen prüden Zeiten, in denen sie ihre Karriere begann, öffentlich darüber gesprochen hat, was damals noch als unerhört galt. Und damit unzähligen Menschen geholfen hat. Wie ihr gemerkt habt, ist die Lady nicht auf alles eingegangen und hat auch die eine oder andere schrullige Ansicht, die ich für mich nicht eins zu eins umsetzen würde. Das macht aber nichts. Ich wollte etwas ganz anderes verdeutlichen:

Ich selbst habe in meiner Kindheit und Jugend erfahren dürfen, wie sehr es einen in der eigenen Entwicklung weiterbringt, Gesprächspartner zu haben, mit denen man über scheinbare Tabuthemen offen plaudern kann und auch mal das eine oder andere heikle Thema anspricht. Wie viele Ehen und Beziehungen könnten harmonischer sein, wie viele von ihnen gerettet werden, wenn wir weniger verklemmt und ohne Vorurteile offen darüber reden würden? Und das ist auch schon die Message: Sprecht über eure Gedanken, Wünsche und Fantasien. Redet mit dem Partner oder der Partnerin, egal, ob es die Liebe fürs Leben ist oder eine Begegnung für eine Nacht.

DER WUNSCH NACH BEKANNTHEIT, BERÜHMTHEI UND ANDERE KINDERKRANKHEITEN

»All we demanded was our right to twinkle.«
(Marilyn Monroe)

Obwohl ich viele Jahre mein Gesicht und viel mehr noch meinen Körper in Modemagazinen veröffentlicht sah, war mir nie der Gedanke gekommen, eine öffentliche Person zu sein. Bekanntheit hatte nie zu meinen Sehnsüchten gehört. Mit dem Siegeszug der sozialen Medien sollte sich das Phänomen des Prominentseins nachhaltig verändern. In meinem Bekanntenkreis gab es plötzlich junge Frauen, die das Potenzial erkannt hatten und daraus ein atemberaubendes Geschäftsmodell zu generieren wussten.

Ich kannte die aufsteigenden Größen des Genres von Beginn an, etwa Caro Daur, Nina Süss, Lisa Banholzer, Tanja Trutschnig, Bonnie Strange und Lena Lademann – heute allesamt klingende Namen der Influencer-Branche –, aus dem Partyleben. Und erinnere mich noch lebhaft, wie sehr sie anfangs in der zur Überheblichkeit neigenden Fashion- und Modejournalistenszene belächelt wurden. Doch es dauerte nicht lange, bis die Chefredakteurinnen von *Vogue*, *InStyle* und anderen Magazinen voller Empörung akzeptieren mussten, dass ausgerechnet diese Internet-Gören neben ihnen in der ersten Reihe der Fashionshows Platz nehmen durften und manche Redakteurinnen sogar ihre Logenplätze räumen und in die hinteren Reihen übersiedeln mussten. Wir Models und andere Plebejer der Modeindustrie verfolgten diese Revolution mit einer gewissen Genugtuung, immerhin wurde hier das Ego einer selbst ernannten Herrscherinnenkaste, die reich an Überheblichkeit und Herablassung gewesen war, ein klein bisschen gestutzt. Ich möchte das alles nicht romantisieren, viele der Influencer und Bloggerinnen konnten mit ihrem plötzlichen Ruhm auch nicht so gut umgehen und legten sich in Windeseile die gleichen Marotten und Allüren zu, die sie noch kurz zuvor am Ancien Régime der Magazinbranche gehasst hatten. Ich bin kein Historiker, aber so, wie ich es im Geschichtsunterricht mitbekommen habe, handelt es sich um ein stets wiederkehrendes Phänomen: Sobald die bürgerlichen Aufständischen die alten Könige vom Thron gestoßen hatten, erwachte das Interesse daran, sich selbst ins Hermelinkleid zu kuscheln.

Ich selbst wäre nie auf die Idee gekommen, mich an diesem Trend zu beteiligen. Mir war nur wichtig, meine Fotografie unter die Leute zu bringen. Und dafür nutzte ich die Plattform Tumblr, die damals als das große Ding galt, sich inzwischen aber vor allem durch Pinterest und Instagram erledigt hat. Mein Konzept unterschied sich grundlegend von jenem der Avantgarde des Influencertums. Manche der Mädels bauten mit Insta-Start-ups wie dem »Bloggerbazar« ein schlaues Geschäftsmodell auf, indem sie Accessoires, Beautyanwendungen und Modeneuheiten werbeträchtig mit ihren Smartphone-Kameras an den eigenen Körpern vermarkteten. Die Modeindustrie hatte schnell begriffen, dass dies eine neue und vor allem ungezwungenere Möglichkeit war, die eigenen Produkte unters Volk zu bringen. Das Geschäft der Frauen boomte auf Anhieb.

Ich aber hatte ein Konzept, das diesem Businessmodell wenig zuträglich war: Ich postete ausschließlich Nacktfotos. Meine Bilder, die ich unter dem Titel »dirtydirtyme« in die Welt postete, sollten schnell für Furore sorgen, die ich so nicht geplant oder erwartet hatte. Doch das Prinzip »Sex sells« hätte ausgezeichnet funktioniert, wäre da irgendetwas gewesen, was ich zu verscherbeln gehabt hätte. Darum ging es mir aber nicht. Doch worum dann?

Natürlich werde ich ständig für einen Exhibitionisten gehalten. Aber es bereitet mir keinerlei Erregung oder Befriedigung, dass mich andere nackt sehen. Ich habe es schon erklärt, anfangs war es ein Mittel, mich außerhalb des Genres der Modefotografie, des ewigen Schaufensterpuppendaseins, zu inszenieren. Und zugegebenermaßen faszinierte mich das Bohei, dieser Dingeldangel, der damit aufkam.

Es ist nicht so, dass ich mir keine Gedanken darüber gemacht hätte. Ich habe damals mit meiner Mutter darüber gesprochen, bevor ich die ersten Nacktbilder veröffentlichte. Wir hatten nach unserem Bruch in meinen Teenagerjahren wieder ein Vertrauensverhältnis entwickelt, und ich zeigte ihr, als sie mich in meiner Wohnung besuchte, die Fotografien und fragte sie offen nach ihrer Meinung. Sie betrachtete – nicht ohne Staunen – die vielen Nacktaufnahmen ihres Sohnes und sagte dann bloß lapidar: »Da ist nichts, was ich noch nicht gesehen hätte und was ich nicht hätte sehen wollen. Also warum nicht?« Es war wie eine Freigabe, eine Erlaubnis von höchster Instanz. Ich weiß nicht, ob sie damals ahnte, dass sie damit auch Bilder wie jenes, wo ich meinen erigierten Penis unter einem Slip mit Superman-Logo zeige, oder jenes Porträt, wo ich zwischen zwei Frauenbeinen einen Dildo ans Unterkinn geschnallt hatte, ebenfalls sanktionierte. Ich bin überzeugt, dass ich niemals ein obszönes oder gar perverses Motiv fotografiert hätte, sondern nur solche, in denen ich mit den Vorstellungen davon spielen konnte. Ich weiß nicht einmal, ob ich damit ein Zeichen gegen Prüderie setzen wollte, aber es gefiel mir, dass es als solches verstanden wurde.

Vieles, was wir tun, geschieht letzten Endes unbewusst, wenn nicht sogar unterbewusst. Zu Beginn waren mir die Werke der Superstars der Modefotografie wie Bruce Weber oder Terry Richardson sicher noch Vorbild, schließlich gierte die gesamte Model- und Modebranche danach. Später, als beider abscheuliches System des sexuellen Missbrauchs ihrer Models bekannt geworden war, zeigte sich der grundlegende Unterschied zu den meinen. Da ich mich stets selbst in aller Konsequenz in den Bildern entblößt hatte, kamen immer mehr Frauen auf mich zu und fragten mich, ob ich sie auch so fotografieren könnte – und ich war dazu gerne bereit.

Ausgenutzt habe ich diese Begegnungen nie. Wenn, dann geschah das eine oder andere Nachspiel vom Set, also dem Arbeitsplatz, streng separiert. Ich war in keiner Machtposition, ich habe nie offensiv verführt, habe mich aber auch nicht dagegen gewehrt, verführt zu werden. Nachdem die unseligen Hintergründe über das Zustandekommen der Fotos mancher meiner früheren Vorbilder bekannt geworden waren, blickte ich noch einmal kritisch auf meine inzwischen zahlreichen Bilder: Es war kein Shooting dabei, das einer kritischen Nachbetrachtung nicht standgehalten hätte. Nach und nach stellte ich fest, dass fast alle der Mädels, die sich bei mir meldeten, um erotische Fotos von sich machen zu lassen, auch deshalb kamen, weil sie von den anderen erfahren hatten, dass sie sich bei mir in einer Art Safe Space befanden und ohne Sorge entblößen konnten. Damit fühlte ich mich mindestens ebenso sicher wie die Frauen selbst.

Mein Dirtydirty.me-Blog erfreute sich bald großer internationaler Beliebtheit. Es fällt schwer zu begreifen, was mit den eigenen Bildern da passiert. Ein Foto, das am Rande eines Modeshootings für die Berliner »Galeries Lafayette« in der Komischen Oper entstanden war, wurde schnell zum Superhit. Ich war in einer Pause nackt in den Zuschauerraum geschlüpft und über eine Sitzreihe im Parkett balanciert, hatte die Kamera mit Selbstauslöser aktiviert. Während der Fotoapparat vor sich hin klickte, kam eine Putzkraft ins Auditorium, die angesichts meiner freizügigen One-Man-Show kehrtmachte und so tat, als wäre nie geschehen, was sie da gerade erblickt hatte.

Das Bild wurde mehrere Tausend Mal auf Tumblr geteilt. Als absoluter Klickhit erwies sich allerdings ein ganz anderes Motiv. Ich hatte im Flieger nach New York mit einem Mädchen namens Rosa geflirtet, an der Einreiseschleuse plauderten wir und teilten uns ein Taxi in die Stadt. Als kurz vor dem Holland Tunnel die imposante Skyline auftauchte, wo einen stets dieses besondere Kribbeln überkommt, fingen wir an, zu knutschen. Noch unterhalb des Hudson River schauten wir uns kichernd in die Augen, und Rosa und ich beschlossen, unseren Lustausbruch bis auf Weiteres zu vertagen. Immerhin kannten wir uns ja erst eine halbe Stunde.

Allzu viel Zeit ließ Rosa aber nicht verstreichen, kurz nachdem sie in ihre Mädels-Jugendherberge eingecheckt hatte, klingelte bereits das Handy, und wir verabredeten uns im Central Park. Wir landeten schnell in dem Apartment, das mir ein Freund überlassen hatte, und schmökerten gemeinsam durch meinen Tumblr-Account. Schnell begann sie, die abenteuerlichsten

Fantasien zu entwickeln – von Bildern, die wir alsbald schießen sollten. Sie erteilte mir sogar genaueste Anweisungen für Requisiten, die ich schnellstmöglich besorgen sollte. Wir teilten eine gewisse Lust am Mummenschanz, und so spazierte ich tags darauf den Broadway auf und ab, um dieses oder jenes Utensil zu erstehen. Schnell hatte ich Rosas Vorstellungen erfüllt und Karnevalsmasken von Arnie Schwarzenegger und George W. Bush in der Einkaufstüte. Und so kam es, dass Arnies Gesicht auf meinem schmalen und von Bodybuildingtechniken unberührten Körper landete, während des Ex-Präsidenten Konterfei von Rosas zartem Frauenkörper grinste.

So entstand das erfolgreichste Bild meines Blogs, auf dem ich selbst gar nicht zu sehen bin. Rosa fasst sich dabei selbst an die Brüste, während das George-W.-Gesicht auf ihrem Kopf geradezu lustvoll in der prasselnden Dusche auf den Frauenkörper unter sich starrt. Ich kann nicht erklären, was genau den Reiz dieses Bildes ausmacht, aber ich weiß, dass ich ihn selbst empfand. Während sie sich nämlich da in der Dusche rekelte, überkam mich eine unbändige Lust, mit George W. rumzufummeln. Dieser lehnte aber mein Begehren mit Rosas kichernder Stimme ab. Erst sollten die Motive perfekt im Kasten sein. Ich weiß nicht, ob Mister Bush je davon Notiz genommen hat, dass er an diesem Abend zu einer Art Sexsymbol wurde. Über 1,5 Millionen User sollten das Bild auf ihrem Account teilen. Und das Motiv schließlich meinen Durchbruch als Fotograf bedeuten, Magazine aus Sydney, Paris, Mexico City und zu Hause in Deutschland fragten plötzlich an, dieses und andere Bilder veröffentlichen zu dürfen. Digitale Generation hin oder her – dass die eigenen Fotografien auf Hochglanzpapier gedruckt wurden, war immer noch der Ritterschlag.

In der Währung meiner Influencer-Freundinnen zu Hause

in München spielte dieser Erfolg keinerlei Rolle. Schließlich verdiente ich im Gegensatz zu ihnen kein Geld mit meinen Klicks, Likes und Repostings. Meine Kunst blieb ein brotloses Geschäft, und ich musste mich weiterhin um andere Einnahmequellen bemühen. Außerdem verspürte ich große Lust, nach all den Jahren auf Reisen zumindest die Sommermonate in München zu verbringen. Statt immer bloß durch die Weltgeschichte zu modeln, begann ich wieder in Bars zu arbeiten. Zusammen mit Alex Protz, mit dem ich zusammen im P1, in der Meinburk und am Kulturstrand – alles Münchner Partyhotspots – gearbeitet hatte, bekam ich plötzlich ein unverschämt verlockendes Angebot: In der Frauenstraße direkt am Viktualienmarkt sollten wir beiden feschen Barkeeperjungs mit drei Financiers im Hintergrund eine eigene Bar eröffnen. Ich war zu Beginn skeptisch, ob das eine gute Idee wäre. Schließlich wäre ich damit für längere Zeit an meinen Heimatort gebunden. In einer Stadt, in der der Barbetreiber Charles Schumann trotz seiner legendären Grantigkeit als vermutlich berühmteste und beliebteste Persönlichkeit der Stadt galt, gab es allerdings nichts Begehrenswerteres, als über einen eigenen Laden zu verfügen. Wir sagten also zu, ohne uns Gedanken darüber zu machen, was das bedeuten würde.

In dem Lokal war zuvor eine osteuropäische Polkabar beheimatet gewesen, deren abseitiger Reiz bislang der Partyszene verborgen geblieben war. Niemand hatte von dem Lokal Notiz genommen, zumindest nicht in unseren Kreisen. Und das war ganz offensichtlich besser so gewesen. Als wir begannen, die schummrige Verkleidung aus den Räumlichkeiten zu reißen, mit einem Vorschlaghammer zu entfernen und alles völlig neu zu gestalten, stießen wir als Erstes auf einen Baseballschläger, an dem noch Blut und, wie ich meinte, auch ein paar Menschenhaare klebten. Man konnte also bloß hoffen, dass die Vormieter ohne gröberen Groll auf die Übernahme blickten.

Alex war ein totaler Barprofi, übernahm die Organisation, die Kontakte zu den Lieferanten und sorgte für die professionelle Umsetzung. Ich durfte mich darin austoben, den Laden zu gestalten, einzurichten und für das zu sorgen, was man in der Marketing-Fachsprache Storytelling nennt. Ich baute einen riesigen Holztisch in die Mitte des Schankraums, sodass viele der Gäste erst einmal dachten, Privaträumlichkeiten zu betreten. Um das kleine Seitenschiffchen des Barraums ließ ich einen Theatervorhang wie bei alten Varietés errichten. Es war eine göttliche Komödie. Und einige alte Stammgäste der Polkabar, die ab und an irrtümlich hereingeschneit kamen, brachten mich auf eine besonders geniale Idee. Sie verlangten Einlass in ein altes geheimes Separee – aber nicht um dort Polka zu spielen, sondern um illegale Pokerturniere zu veranstalten. Dadurch wurde uns erst bewusst, dass das kleine schmale Hinterzimmerchen traditionell zum Betrieb gehört hatte, was dem Kreisverwaltungsreferat entweder nicht aufgefallen war oder keinen Anlass zur Beanstandung gegeben hatte.

Dieser Umstand triggerte meine Fantasie, und so stellten wir einen alten Kleiderschrank ohne Rückwand vor das Türchen, das dort hineinführte. Wir nannten das Separee »Narnia«, nach jener Anderswelt der beliebten und erfolgreich verfilmten Fantasyromane. Schnell war ein Speakeasy geboren, wie man es aus den Legenden über die Hinterzimmerlokale der USA in Zeiten der Prohibition kannte. Alkohol war zwar im Bayern der Zehnerjahre nicht verboten, doch das Rauchen von Joints schon. Flott hatte sich die Nachricht in München verbreitet, dass sich hinter dem Kleiderschrank im Lokal in der Frauenstraße 26 ein Geheimzimmer befand, in dem man unbemerkt das eine oder andere Kraut inhalieren konnte.

Was ich weder als Model noch als Fotograf je erreicht hatte, war plötzlich, als ich Betreiber einer Bar samt Speakeasy-Hinterzimmer war, in nur wenigen Wochen Realität geworden. Ohne dass ich dies je angestrebt hätte, hatte ich in meiner Heimatstadt eine gewisse Berühmtheit erlangt.

Ihren wohl größten Abend sollte die »Frauen 26« im Jahr 2014 erleben. John, unser Barchef, war mit Bastian Schweinsteiger befreundet und hatte diesem zukommen lassen, dass die mit Abstand coolste Fantruppe in München sich stets bei uns zum Public Viewing versammelte. Vor der Übertragung des Spiels in Brasilien überraschte er unsere Gäste mit einer persönlich adressierten Videonachricht. Einige Tage später, als die Nationalmannschaft zurück in Deutschland war, ereilte uns der Anruf, dass ein Teil der Mannschaft auf dem Weg in unser Lokal sei. Wir konnten unser Glück kaum fassen. Die Jungs hatten immer noch ihre WM-Medaillen um den Hals und brachten eine gigantische Lust zum Feiern mit. Es muss wohl große Verbitterung in all jenen schicken Läden der Stadt geherrscht haben, in denen die Weltmeister zuvor reserviert hatten, jedoch dort nicht auftauchten. Für uns war es eine überraschende und gigantische Nacht.

Was es auch noch war: ein kleiner Skandal. Basti war schon etwas angeheitert auf den Tisch gestiegen und hatte in die Menge gerufen: »Ich bin kein Mann großer Worte, deshalb sage ich einfach: Heidiheidheidheidhoooo...« Und die Menge sang weiter: »BVB-Hurensöööööööhne!«

München ist für vieles berühmt, nicht aber für seine ausgeprägte Diskretion. Die Nachricht hatte sich am Morgen in der ganzen Stadt verbreitet, und wir waren plötzlich ein richtig berühmtes Lokal. Irgendein Depp hatte außerdem den Schmäh-gesang unserer Fußballjungs auf seinem Smartphone gefilmt und am Morgen der Redaktion von *Bild* zukommen lassen. Was ich mit all meinen Millionen Likes, der Fotografie und der Modelkarriere nicht geschafft hatte, geschah aufgrund des blo-ßen Umstandes, dass ich Schweinsteiger und seinen Fußballer-freunden ein paar Cocktails gemixt hatte: München begann mich wahrzunehmen. Die Standlbetreiber des Viktualienmark-tes nickten anerkennend, die Mädchen zwinkerten mir auf der Straße zu, Leute wie Moritz Bleibtreu oder David Alaba begrüß-ten mich mit »high five«.

Zuvor war außerdem noch etwas anderes passiert, eine junge Journalistin, die auch des Öfteren in der Frauen 26 zu Gast ge-wesen war und zu unserem Bekanntenkreis gehörte, fragte mich, ob sie etwas über mich in der *Süddeutschen Zeitung* schrei-ben könnte, die in München als »bigger than life« gilt – so wie der FC Bayern, unsere acht DAX-Unternehmen und die weltbe-rühmte Staatsoper. Weltstadt Berlin hin oder her, Deutschlands mit Abstand größte ernst zu nehmende Tageszeitung erschien immer noch bei uns im Süden. Ich habe ja schon zuvor erklärt, was das mit der zarten Seele der randständigen Bayern macht. Nun saß ich also in einem waschechten Interview mit einer journalistischen Kapazität. Erst redeten wir in einem Café, dann zeigte ich ihr noch meine kleine Wohnung im Französischen Viertel und erzählte ihr von den Prostituierten des Kaiserreichs, die hier flaniert hatten. Stefanie war betont sachlich, fast dis-tanziert, sie wollte eben, dass ich sie als Journalistin wahrneh-me und auch ernst nehme.

Erst erschien ein Interview über meine Nacktfotografie, dann ein hinreißendes Porträt, das auch das Geheimnis unseres

Separees lüftete. Von nun an wollte natürlich halb München durch das inzwischen nicht mehr ganz so geheime Kleiderschranktürchen in unser Hinterzimmer. Und wir fragten uns, wie lange es wohl dauern würde, bis das Ordnungsamt klopfte. Zuvor war es noch zu amüsanten Situationen gekommen, wenn uns Leute darauf hinwiesen, dass sich jemand im Kleiderschrank versteckt habe und schon seit Stunden nicht mehr herausgekommen sei. Inzwischen wussten aber viele, vermutlich allzu viele, Bescheid.

Ich zählte also die Tage, bis wir auffliegen würden. Aber irgendwie war es John, unserem Barmann, stets gelungen, uns frühzeitig zu warnen, wenn wieder einmal eine Razzia bevorstand. So konnten wir die Hinterwand des Schranks rechtzeitig verschließen und die Separee-Gesellschaft zum Verstummen bringen, bis sich die Polizei wieder entfernt hatte. Langsam wurde mir das Ganze unheimlich, irgendwie wussten wir – wie ich fand – stets eine Spur zu früh, dass die Polizei im Anmarsch war. Aber ich ließ es geschehen, schließlich waren die Flüsterminuten im Separee unsere größte Attraktion. Die Münchner Party People kamen sich vor wie Al Capone, James Cagney und F. Scott Fitzgerald, wenn das Licht gedimmt wurde und sie für eine Viertelstunde den Mund hielten – still darauf lauschend, was draußen im offiziellen Teil der Bar geschah.

Suspekt war es mir dennoch. Eines Nachts, nachdem John wieder einmal mindestens zehn Minuten vor dem Eintreffen der Polizei Alarm gegeben hatte, damit ich den Separee-Kasten verriegeln konnte, stellte ich ihn zur Rede. Er schaute mich mit großen Augen an und lachte mich dann so richtig aus. »Das ist jetzt nicht dein Ernst, oder?«, sagte John. Und klärte mich darüber auf, dass die Staatsgewalt längst bei uns im Separee Platz genommen hatte.

Ich traute meinen Ohren nicht. Was ich an unserem Stammpublikum so liebte, war seine Heterogenität. Da waren nicht bloß funny Feiermenschen unterwegs, sondern auch – wie soll ich sagen? – »echte Leute«. Typen, die in unsere Inszenierung des Verruchten passten. Darunter ein fröhlicher, etwas antiquiert wirkender Herr, der von Anfang an gern gesehener Gast in der Bar und bald auch im Separee gewesen war. Der sich lustvoll an unserem Whiskeysortiment und den mitgebrachten Produkten des internationalen Hanfanbaus delektierte. Wie ich nun von John erfahren sollte, war dieser Mann kein normaler Gast, sondern unser persönlicher Informant. Ich habe bis heute seinen wahren beruflichen Hintergrund nicht erfahren, mich allerdings auch nicht darum bemüht. Jedenfalls hatte er sein Ohr nah genug am Sicherheitsapparat der Stadt, um uns stets rechtzeitig darüber in Kenntnis zu setzen, wenn die nächste Streife oder Abordnung des KVR uns ihre Aufwartung machte.

Unser Erfolgsrezept beruhte darauf, alles anders zu machen, als es Gastronomen gewöhnlich tun. Manchmal kochten wir und versorgten unsere Gäste mit kostenlosen Schmankerln, zu unserem einjährigen Bestehen rechneten wir aus, wie viel Geld wir durch die fleißige Mundpropaganda für Werbemittel, wie sie andere Bars nutzten, gespart hatten, verpackten die Geldscheine in transparente Umschläge und drückten es jedem Gast am Eingang einfach in die Hand. Es war praktisch unsere kleine abgewandelte Version eines bedingungslosen Grundeinkommens, die sich mehr als rechnete. Die Gäste gaben die fünf Euro, die sie von uns erhalten hatten, mit Freuden wieder aus und konsumierten das Doppelte und Dreifache von dem, was sie vermutlich sonst bestellt hätten.

Eines Nachts überkamen mich dann doch Zweifel, ob wir es nicht übertrieben hatten. Ein Münchner Schauspieler, dessen

Namen ich lieber unerwähnt lasse, fand es amüsant, ein Mitglied der städtischen Hells-Angels-Bande in unseren Laden zu schleppen. Der voll tätowierte Stiernacken strahlte eine berufsbedingte Grundgefährlichkeit aus, und ich sah mich schon, wie ich ihm Briefumschläge aushändigte, die deutlich mehr als Fünfeuronoten beinhalteten. Auf einmal schien unsere Unterweltspielerei zur bitteren Realität zu werden.

Der Schauspielerfreund sagte mir, ich solle mich nicht so anstellen, Ronny sei ein ganz und gar gemütlicher Typ. Innerhalb einer Stunde hatte Ronny sich dem halben Lokal namentlich vorgestellt, nicht ohne seinen exakten Berufshintergrund samt Position mitzuteilen. Nicht nur mir schien es eine gänzlich neue Erfahrung, dass Unterweltbosse als solche unter freundlicher Erwähnung ihres Strafregisters vorgestellt wurden, auch Ronny staunte ganz offensichtlich über die wohlwollende Wertschätzung, die ihm als Kriminellen widerfuhr. Ich habe den Verdacht, dass die meisten auch diese Bekanntschaft als eine amüsante Inszenierung unseres Gangsterspielens verstanden haben und sich nicht bewusst waren, dass es sich um einen realen Vertreter der organisierten Kriminalität handelte. Mit großem Staunen beobachtete ich, wie Ronny seine Popularität genoss und sich zunehmend in seine Rolle als beliebter Pate einfand.

Irgendwann kam Ronny zu mir und nahm mich beiseite. Er hätte da noch ein Anliegen, das er dringend besprechen wolle, sagte Ronny, und ich glaubte sofort, dass er mich zum Verhandlungsführer bei Schutzgeldvereinbarungen erkoren hatte. Ronny hatte allerdings andere Begehrlichkeiten. Er eröffnete mir, unser gemeinsamer Schauspielerfreund habe ihm von unseren berühmten Champagnersäbeln erzählt. Mir war bislang gar nicht bewusst gewesen, dass es sich bei den Säbeln, die ich irgendwo im Internet als Geschenk für meinen Freund Alex erstanden hatte und die nun an unserer Wand hingen, um reale Waffen handelte. Nun sollten sie zum Einsatz kommen. Ronny forderte uns auf, unseren Lagerbestand an Moët-&-Chandon-Flaschen herbeizuschaffen, und begann dann unter großem Hallo der Gäste eine nach der anderen zu köpfen.

Ich weiß nicht, womit die Hells Angels ihre Kriege bestreiten, Säbel sind es nicht. Ronny ging nämlich außergewöhnlich ungeschickt an die Sache heran, was ihm selbst jedoch überhaupt nichts auszumachen schien. Bis auf den Umstand, dass er es immer weiter und weiter versuchen wollte. Am Ende waren zahlreiche Flaschen, die mit 150 Euro auf der Getränkekarte gelistet waren, abgesäbelt. Am Inhalt der Flaschen hatte der Mann übrigens keinerlei Interesse. Er verließ den Laden stocknüchtern, aber glücklich. Sosehr uns der Verlust unseres Champagnervorrats auch schmerzte, hatten wir doch eine ausgezeichnete Showeinlage erhalten, und langfristig schien sich die Investition gelohnt zu haben. In den fünf Jahren ihres Bestehens sollte die »Frauen 26« keinerlei weitere Kontakte mit dem organisierten Verbrechen mehr haben, mit Schutzgeldforderungen hatten wir nie zu tun.

Meine persönliche Fame-Erfahrung machte ich also nicht aufgrund meiner Fotografie oder meines Erfolgs in den sozialen Medien, sondern wegen des kleinen verruchten Hinterzimmers, durch dessen illustre Beschreibung in der *Süddeutschen Zeitung* ein Journalist des Männermodemagazins *GQ* auf mich aufmerksam wurde. All das, was danach kommen sollte, der Style-Blog und meine Karriere als Fotograf, die mir Weltstars wie Donatella Versace, Orlando Bloom, Daniel Brühl, Dries Van Noten, Herbert Grönemeyer, Mads Mikkelsen, Jason Derulo, Sharon Stone und Billy Porter vor die Linse brachte, hatte sich daraus entwickelt. Das kleine Türchen in dem alten Schrank sollte für mich das Tor zur Welt aufstoßen.

Dennoch muss ich sagen, dass mir keine Klickzahlen in den unendlichen Weiten der sozialen Medien je so viel bedeutet hätten wie die anerkennenden Blicke auf den Straßen Münchens. Wahrscheinlich liegt das daran, dass in Bayern weniger die einflussreichen Mitglieder des Hofstaates und der Herrscherhäuser in Erinnerung und in den Herzen behalten werden, sondern eher die kleinen Berühmtheiten wie »Der Stolz von der Au« oder die wundervolle Kabarettistin Liesl Karlstadt. Die meisten Münchner würden vermutlich nicht lange überlegen, wenn sie sich entscheiden müssten, ein internationaler Internetstar zu werden oder ein heiß geliebtes »Münchner Original«.

ERFINDE DICH NEU!
(ABER NUR, WENN DU WEISST,
WER DU BIST)

MIT BONNIE STRANGE

Bonnie Strange und mich verbindet ein regelrecht ikonografisches Foto, auf dem wir zu zweit in einem Pool posieren. Obwohl ich das nicht im Sinn hatte, als wir es aufgenommen haben, wirkt es heute auf mich wie eine Hommage an ein berühmtes Foto von Liz Taylor, die sich ebenfalls am Poolrand präsentiert – mit einem Vogel, der Vogelkundlern als grüne Gelbstirnamazone bekannt ist. Ich weiß zwar nicht, ob Bonnie oder ich je an den Glamour der Hollywoodikone heranreichen werden, aber mit dem Papagei können wir es vermutlich beide aufnehmen.

Bonnie gehört jener Gang von Influencer-Pionierinnen an, die für sich – im wahrsten Sinne – Marken gesetzt haben. Sie ist zurzeit viel näher an diesem Liz-Taylor-Motiv als ich. Bonnie ist nämlich nach Bali gezogen, wo im Gegensatz zu Lockdown-Deutschland Pools geöffnet sind. »Ich bleibe jetzt hier«, sagt sie zu mir am Telefon. Für ihre Instagram-Inszenierungen ergibt das natürlich viel mehr Sinn. Sie hat ihren Lebensschwerpunkt schon seit Langem darauf ausgerichtet, sich vor sonnigen Hintergründen in Szene zu setzen. Seit Mai 2018 ist sie Mutter und hat auch deshalb Bali den Vorzug gegeben. »Die Leute hier sind völlig auf Liebe und Spiritualität geeicht«, sagt sie. »Mir gefällt diese Idee am Hinduismus, sie versuchen sehr ernsthaft, gegen den Neid und die Missgunst in sich anzukämpfen. Das ist mein Hauptgrund, warum ich hier bin.« Goldie heißt ihre Kleine, und ich verstehe, wenn sie sagt: »Ich bin froh, mich so früh ausgelebt zu haben und auch eine berufliche Basis zu haben. Ich habe nämlich jetzt Bock, Hausfrau-Mom zu sein und dafür Zeit zu haben.«

Wer ist diese Bonnie, und wieso fasziniert sie mich unter den vielen supererfolgreichen Influencerinnen am allermeisten? Sie heißt bürgerlich Jana Weilert. Ich selbst käme nie auf die Idee, einen Künstlernamen anzunehmen.

»Für mich war es auch crazy, als Bonnie übernommen hat und Jana immer mehr in den Hintergrund trat«, sagt sie. »Wenn ich heute auf einem Amt als Jana antreten muss, fühlt sich das falsch an. Dann stehe ich da als diese Jana, die seit vierzehn Jahren kaum noch existiert.«

Bonnie Strange ist in ihrer Wahrnehmung schon lange kein Künstlername mehr. Und das ist spannend. Es zeugt von einer großen Freiheit, und die ist dann doch eine künstlerische, sich selbst neu erfinden zu können. »Mir kommt es heute so vor, als wäre ich immer schon Bonnie gewesen«, sagt sie.

Ich muss sie auf eine unangenehme Sache ansprechen, schließlich hat sie auch deshalb Deutschland verlassen, weil es viele Hater und Neider gab, die sie mit Gemeinheiten überzogen – manche davon leider auch in den Redaktionen von miesen

Boulevardmedien. »Ich versuche jetzt, absolut nichts mehr an mich heranzulassen«, sagt sie. »Manchmal passiert es mir noch, dass ich auch Böses zurückschreibe, mich auf das gleiche Niveau begebe. Weil mich das so ärgert, dass wir in Deutschland als Blitzableiter herhalten müssen, bloß weil Leute einen schlechten Tag hatten.« Schlauer wäre es, all das nicht an sich herankommen zu lassen, ist sie sich sicher, und ich stimme ihr zu.

Bonnies Mittel gegen diese Niederungen alltäglicher Hassreflexe ist der immerwährende Sommer, den sie sich ausgesucht hat. »Sonnenschein, blauer Himmel, das macht mich wirklich sehr glücklich«, sagt sie. »Und Freunde um mich zu haben.« Da sind wir d'accord.

Bonnie hatte früh große Träume. Als sie klein war, wollte sie Popsängerin werden, Model oder Designerin. »Ich muss zugeben, dass ich das Berühmtsein an sich verlockend fand«, sagt sie. »Obwohl ich keine Ahnung hatte, was das überhaupt bedeutet – dieses Berühmtsein. MTV hat einen gebrainwasht, alles sehnte sich danach, ein Star zu werden. Aber ich muss sagen: Es hat mich auch inspiriert.« Und dann kommt sie zu einem wichtigen Punkt, den ich so gut nachvollziehen kann. »Ich verstand, dass es viel cooler ist, selbst etwas Kreatives zu machen und über mich zu bestimmen, was am Ende selten eine Popsängerin und schon gar kein Model kann.«

Als sie sich entschied, Influencerin zu werden, gab es diesen Beruf noch kaum. »Es war reines Glück, dass es funktioniert hat, wir sind damals ins eiskalte Wasser gesprungen, es hätte auch nur ein ganz kurzer Trend sein können«, sagt sie. Das Perfekte am Influencersein sei die Erkenntnis, dass sich alles ergeben kann, neue Sparten und Berufe entstehen und man begreift, wie viele Chancen letztendlich existieren. »Ich liebe es, zu kochen, zu malen. Vielleicht mache ich auch mal ein veganes Restaurant auf, alles ist letztendlich möglich. Manche würden sagen: ›Das ist naiv‹, aber vielleicht reimt sich naiv nicht umsonst auf kreativ.«

Wie hat sie mich wohl damals eingeschätzt, als wir uns in den Gründertagen des Influencertums begegneten? »Als einen verrückten, crazy Partytyp, der Fotos machte«, sagt sie, »aber du warst stets sehr erwachsen und hast immer gewusst, was du machen willst, bist aber alles locker angegangen.« Damit kann ich gut leben.

Bonnies Baby hat bereits einen Instagram-Account und dort mehr als 22 000 Follower. Goldies Gesicht sieht man dort nie. Trotzdem: Was wird wohl aus dieser Kindergeneration, die uns selbstverliebten Internet-People nachfolgt, wie werden sie uns einst sehen?

Wenn Goldie Strange einmal vierzehn oder achtzehn ist, werden Instagram und TikTok vermutlich den gleichen Status genießen wie heute VHS-Kassetten und Vinyl-Schallplatten. »Ich finde es normal, dass ich meinem Kind meine Passion näherbringen kann und es da heranführe, ohne das je zu pushen«, so Bonnie. »Wie es Fußballer immer schon mit ihren Kindern gemacht haben.«

Zum Schluss bitte ich sie um ihren fachlichen Rat für angehende Influencer, Bonnies persönliche Dos and Don'ts. Here we go:

»Wichtig ist, immer im Blick zu behalten, wer man wirklich ist. Bei aller Aufmerksamkeit nicht zu eingebildet zu werden, sich nie bedeutender oder wichtiger zu fühlen als andere Menschen. Wir üben einen Beruf aus, wie es etwa ein Bäcker tut – genau so muss man es sehen.«

»Kann ich unterschreiben. Und was sind die Dos?«

»Machen, was du wirklich liebst«, sagt Bonnie. »Und wenn du es gut machst, dann paaren sich Passion und Erfolg. Das klappt bei Künstlern wie bei Influencern wie bei Bäckern – wenn man es nur richtig anstellt.«

Würde sie im Rückblick etwas anders machen? Bonnie muss nicht lange nachdenken. Als ihre von ihr über alles geliebte Großmutter krank wurde, hätte sie aus heutiger Perspektive lieber alles andere liegen lassen – und sich mehr Zeit für sie genommen.

»Aber damals habe ich mich auf meine Karriere fokussiert. Das ärgert mich bis heute, denn die Stunden, die ich nicht mit ihr verbracht habe, sind unwiederbringlich vorbei. Da muss ich sagen, da war ich dumm. Das ist vielleicht der wichtigste Rat: Konzentriere dich auf deinen Erfolg, aber sei nicht ignorant, verliere das wirklich Wichtige nie aus den Augen.«

WARUM ICH WIDER BESSERES WISSEN AUF DEM DRAHTSEIL DES DROGENKONSUMS BALANCIERE

»Damit es Kunst giebt, damit es irgend ein ästhetisches
Thun und Schauen giebt, dazu ist eine physiologische
Vorbedingung unumgänglich: der Rausch.«
(Friedrich Nietzsche)

Es bringt nichts, dieses Buch zu schreiben, ohne brutal ehrlich
zu sein. Es wäre verlogen, über die Exzesse und Süchte meines
Vaters und deren fatale Folgen zu berichten oder gar zu richten,
ohne meine eigene Geschichte mit den Rauschgiften offenzule-
gen. Nach all dem, was ich erlebt habe, müsste ich lautstarker
Propagandist strikter Enthaltsamkeit sein. So einfach ist es aber
nicht.

Die Krux an meinem Verhältnis zum Rausch beginnt mit dem
Umstand, dass die gefährlichste, weil am meisten Leid und Ver-
heerung mit sich bringende Ausformung zum Alltag meiner
Kultur gehört. Ich spreche von Alkohol. Bier, Schnaps und Wein
gehören in Deutschland und ganz besonders in Bayern zum
Kulturgut. Was in Hamburg die großen alten hanseatischen
Handelsfamilien sind, die Banker in Frankfurt und die Auto-
bauer in Wolfsburg, Ingolstadt und Stuttgart, das sind die Bier-
brauer und Wiesnfestwirte in München. Dazu muss man wissen, dass es im mittelalterlichen München lebensgefährlich
war, Wasser zu trinken, und es deshalb nur zwei Lebensphasen

gab: jene, in der man Milch trank, und die, in der man das keim-freie Bier als Getränk zu sich nahm.

Nun könnte man den Einwand erheben, dass sich die Qualität des Leitungswassers schon lange verbessert hat, selbst in München. Doch gerade hier wirken Traditionen weit über ihr Verfallsdatum hinaus. Ich weiß nicht mehr, wie alt beziehungsweise jung ich war, als ich das erste Mal einen tiefen Schluck an einer randvoll gefüllten Festmaß nehmen durfte. Ich weiß nur, dass ich noch nicht groß und stark genug gewesen wäre, das Gemäß selbst anzuheben. »Geh, lass den Buam amoi an der Schaumkrone schlecka«, sagten die Spezln meines Vaters. »Dann quengelt er a ned a so.«

Interessanterweise sollen unsere Vorfahren durchaus experimentierfreudiger gewesen sein, als man annehmen würde. Während der Genuss von gebrühtem Kaffeepulver in manchen Gegenden Deutschlands mit Vorbehalt gesehen wurde oder gar zeitweise untersagt war, gehörte es zu den gediegenen Gepflogenheiten konservativer Herrenrunden auf den Corpshäusern und in den Gelehrtenstuben, sich den sogenannten Knaster in einer seriösen Pfeife anzustecken. Der Name der Rauchwaren umschrieb jenes Knistern, das zu hören war, wenn Ururopa sich seine Hanfsamen anfeuerte, bevor er high in seinen Lehnstuhl sackte.

Eigentlich ist es eine Ironie der Geschichte, dass ausgerechnet die heutigen Konservativen abschätzig auf den Drogenkonsum blicken, wo es doch ihre direkten Vorgänger und Säulenheiligen waren, die sich dem Rausch besonders leidenschaftlich hingaben. Der Dichter Novalis soll unter Opium sein Hauptwerk verfasst haben, Gottfried Benn galt als Koksnase, und von Weltkriegsheld und »Jahrhundertschriftsteller« Ernst Jünger sind exakte Aufzeichnungen überliefert, wie er mit Professor Albert Hofmann, dem Entdecker des LSD, im Forsthaus des idyllischen schwäbischen Dörfchens Wilflingen während eines Selbstexperiments den Kachelofen als weißen Elefanten wahrnahm. Töööröööö.

Als sich mein Vater in Moosach einschloss, um sich seinen Drogengespenstern zu entziehen, war ich dreizehn Jahre alt und hatte außer dem einen oder anderen Schluck Bier und dem Joint auf dem italienischen Campingplatz keinerlei Drogenerfahrung gesammelt. Ich hätte also über ausreichend Vorbildung verfügt, um weiteren Experimenten für immer zu entsagen.

Mir war stets egal, welche Suchtmittel der Staat unter Strafe stellte, wichtig war mir, was *ich* mir verbieten wollte. Dazu gehörte alles, was mich je in eine so verfahrene Lage bringen könnte wie die meines Vaters. Wie den meisten Altersgenossen ist mir die Verfolgung von Haschischkonsumenten ein Ärgernis. Es ist nicht der Konsum von Haschisch, der weltweit immenses Leid verursacht, sondern das kaum nachvollziehbare Verbot, das die Karrieren der blutrünstigen Drogenmafia begünstigt.

Wer behauptet, dass die Modelszene nicht einen gewissen Hang zum Drogenkonsum hätte, lügt. Vor allem in unserem mexikanischen Apartment kam beinahe täglich der Dealer und schüttete sein Füllhorn aus. Ich hielt mich an mein Marihuana und mag bis heute diese große launige Entspanntheit, die es bewirkt.

Die Ignoranz des Staates gegenüber den Rauschbedürfnissen seiner Bevölkerung ist geradezu grotesk. Während in den Metropolen Kokstaxis zwischen den Partys, Klubs und In-Restaurants gondeln, gehören Ecstasy und vor allem Crystal zum Alltagsleben der ländlichen Regionen, Haschisch und Marihuana zum Alltagsrepertoire bürgerlicher Haushalte, beinahe wie Topfpflanzen und Zierfischaquarien.

Meinen ersten Kontakt mit härteren synthetischen Drogen hatte ich in einer Partynacht mit Marybeth in einem schicken New Yorker Klub, dem »1Oak«. Sie kam mit funkelndem Blick auf der Tanzfläche auf mich zugetanzt und begrüßte mich mit einem Zungenkuss. Ich spürte, dass sie etwas auf der Zunge kleben hatte, was sie nun in meinen Mund gleiten ließ. Ich kapierte nicht, was es war, und fand es eklig. Kurzerhand ließ ich von ihr ab und spuckte das Bröckchen wieder aus. In meiner Hand lag eine kleine Pille, auf die ein winziges Facebook-Logo geprägt war. Marybeth fand meine Reaktion merkwürdig, sie schaute mich etwas überrascht an – und abgeturnt.

Ich beschloss also, ihr Spiel mitzuspielen, und schluckte die Pille. Nach nur fünfzehn Minuten spürte ich einen Strudel warmer Gefühle in mir aufsteigen. Mein Serotoninspiegel erhöhte sich immens und überschwemmte mich mit Ekstase. Die Beats des DJs gingen mir regelrecht ins Blut über, und noch zwei Tage später tanzte ich leichtfüßig durch die Straßen des Big Apple.

Jeglicher Drogenkonsum bedeutet, einen Kredit aufzunehmen, ohne über die Mittel zu verfügen, jenes Konto zeitnah auszugleichen. Ich hatte mich im Übermaß an den Glückshormonen bedient, die mein Körper bereit war, auszuschütten. Und nun sollte ich die Quittung erhalten. Nach anderthalb Tagen fröhlichen Herumtänzelns mit Marybeth und unserem Hund Oscar spürte ich regelrecht, wie in meinem Kopf die Fabrikation der schönen Gefühle mangels Rohstoffe eingestellt wurde. Mein Gefühlshaushalt gierte nach Nachschub, aber es kam nichts mehr außer einer großen, kargen Leere, die sich in mir ausbreitete. Marybeth wusste Bescheid, erklärte mir, was genau sich da in meinem Körper abspielte. Und sie wusste auch, welches Gegenmittel meine emotionalen Wunden halbwegs lindern könnte: Hangover-Sex. Das funktionierte ausgezeichnet, die emotionale Verletzlichkeit, die ein durch Ecstasy-Rausch ausgelaugtes Herz erzeugt, gibt dem körperlichen Zusammensein eine besondere Intensität. Eine Erfahrung, die man machen kann, aber nicht dringend machen muss. Wie bei allen wagemutigen Experimenten, gilt auch für dieses: Don't try this at home.

Und doch habe ich mich selbst nicht daran gehalten. Auch unmittelbar nach meiner Beziehung mit Jen hatte ich ein einschneidendes Drogenerlebnis. Das war am nördlichen Bondi Beach, im Jahr 2011. Mein Kumpel Dimitri hatte sein ganzes Dasein aufs Schummeln und eine Art freundliche Hochstapelei aufgebaut, mit gefälschtem Pass, falschem Schulabschluss und auch noch einer getürkten Kreditkarte, mit der er sich eine Kamera besorgt und sich die Aufnahmeprüfung an der Sydney Film School erschlichen hatte. Es funktionierte, er lebt heute als erfolgreicher Filmemacher in Los Angeles und dreht Musikfilme für Bands wie »Kings Of Leon« und »Flight Facilities«.

Ich wohnte damals für einige Monate bei ihm, das Schlafzimmer war eine Art Matratzenlager, auf dem er, ich, seine Schwester, seine Ex-Freundin und ein kolumbianisches Model gemeinsam schliefen, manchmal zumindest. Die Drogen der ersten Wochen, auf die wir uns alle einigen konnten, hießen Negroni, Whiskey Sour und allerherrlichstes Gras aus dem Zaubergarten meiner Bondi-Beach-Hexe Lua.

Dimitri hatte nie Interesse an anderen Trips gezeigt, was völlig logisch war, schließlich hatte ihn sein angeborenes Gemüt mit einem gewissen Grund-high-Sein ausgestattet. Irgendwann gesellte sich ein Kolumbianer namens Goa zu unserer fröhlichen Kommune, der damit angab, allerköstlichste LSD-Spezialitäten in der Tasche zu haben. Er schenkte mir zwei kleine Löschpapierblättchen, auf denen ein Regenbogen abgebildet war. Goa lieferte eine mündliche Gebrauchsanweisung mit und nahm mich für einige Minuten regelrecht ins Gebet. »Simon, du musst bereit dafür sein, frei von Sorgen, es muss ein guter Tag sein, an dem du mit dem richtigen Fuß aufgestanden bist, ausgeschlafen und fit und mit deinem Körper und Geist im Reinen.«

Wochenlang hatte ich die kleinen Blättchen in meinem Portemonnaie und wartete darauf, ob jene von Goa genauestens beschriebene Grundvoraussetzung eintreten würde. Doch der Tag kam nicht, eine innere Stimme ermahnte mich stets, wenn ich den Einsatz der LSD-Portiönchen erwog, dass es einfach noch nicht so weit sei.

Irgendwann war Goa abgereist, und ich wusste nicht, ob die Dinger ihr Mindesthaltbarkeitsdatum inzwischen überschritten hatten. Auf einer Präsentation eines Musikfilms von Dimitri stand plötzlich Therese vor mir. Sie hatte einen frechen Kurzhaarschnitt und meistens einen Hula-Hoop-Reifen dabei, mit dem sie die Tanzflächen der Klubs von Sydney in ihre Bühne verwandelte. Therese sah mich und begann sofort loszubrabbeln, während ich noch überlegte, woher ich diese Frau wohl kennen könnte. Tat ich gar nicht. Es war Thereses Art, sich so der Welt anzunähern, die ihr freundlich vorkam. Ich war sofort angesteckt von ihrem Freigeist und ihrem Wesen. Sie lernte Dimitri und den Rest unserer Crew kennen und wurde sofort von allen aufgenommen.

Therese unterschied sich von den meisten Australiern, die ich bislang kennengelernt hatte. Ohnehin war ich hauptsächlich mit anderen Expats zusammen, denn den meisten weißen Einwohnern merkte man an, dass sie Nachfahren von Usurpatoren waren und eine sehr junge und wackelige Kultur besaßen. Therese, deren Vorfahren teils europäisch, teils asiatisch gewesen sein mussten, unterschied sich von ihnen. Sie war auf besondere Weise tiefgründig und kulturinteressiert, und so wurde unsere WG bald zu ihrem zweiten Zuhause. An einem sonnigen Vormittag stand sie auf unserem Matratzenlager und verströmte eine unbändige Lust, etwas zu erleben. Ich wusste sofort, dass der Tag gekommen war, um das Experiment zu wagen. Genauso, wie Goa es gesagt hatte: Du wirst es wissen, wenn der Tag gekommen ist. Eine weitere Anweisung von ihm war, unbedingt den helllichten Tag in den Trip einzubeziehen und das Zaubergut nicht an die Nacht zu verschwenden. Ich fragte sie, ob sie dafür bereit sei. Sie schaute mich verwundert an, und für einen Moment dachte ich, sie fände das Angebot ungehörig, aber sie sagte: ›Na klar! Let's do it!‹«

Wir weihten die anderen in unser Tagesvorhaben ein, frühstückten noch, bevor wir beide diese Realität verlassen würden. Nachdem wir die Kaffeetassen abgeräumt hatten, setzten wir uns an den Küchentisch und ließen die kleinen Blättchen, die wie Briefmarken eines Puppenhäuschensekretärs aussahen, auf unsere Zungen gleiten. Wir wussten, dass wir etwa eine Stunde Zeit haben würden, bis unsere psychedelische Reise startete. Also setzten wir uns auf meinen Roller und knatterten zusammen an einen kaum bekannten Strand, den mir Jen einmal gezeigt hatte. Das einzige Fleckchen, wo man sich ungestört nackt sonnen und gleichzeitig den Blick auf das Sydney Opera House, die Skyline und die Harbour Bridge genießen konnte.

Tatsächlich hatten wir den kleinen Milk Beach, so hieß er, ganz für uns allein. Wir tollten durch den Sand und sammelten Treibholz, um damit ein kleines Lagerfeuer zu errichten. Am Horizont ballte sich eine Wolkenfront zusammen, und ich befürchtete schon, dass wir mitten in unserem Trip in ein Unwetter geraten könnten. Noch während ich darüber nachdachte, begann die Chemie in meinem Körper ihre Wirkung zu entfalten. In Thereses Augen konnte ich sehen, dass es ihr genauso erging.

Aus Richtung des Unwetters wehte ein zartes Lüftchen zu uns herüber, und ich meinte, dass es durch uns hindurchwehte. Der Wind hatte einen Charakter, eine Art Persönlichkeit, und schien mit uns zu sprechen. Gleichzeitig begann der Ozean, in ungekannten Farben zu schillern. Jeder weiße Lichtstrahl spaltete sich in farbige Strahlen auf, das LSD-Hirn scheint die Welt bis in ihre kleinsten Bestandteile zu zerlegen und zu sezieren.

Ich begriff erst in jenem Moment, dass – anders als ich angenommen hatte – LSD keine Halluzinationen vorgaukelt. Ich konnte plötzlich sehen, was ohnehin immer da gewesen war, sich bloß meiner gewöhnlichen Art des Sehens nie offenbart hatte. Zeit und Raum stellten sich anders dar, aber blieben, was sie sind. Ich erinnerte mich an die Geschichte eines Freundes, der Sohn eines Tischtennisprofis war und grundsätzlich immer gegen diesen beim Spielen verloren hatte – bis zu dem Tag, an dem er noch Reste von LSD in seinem Körper hatte und ihm plötzlich unerwartet überlegen war. Die Bälle waren wie in Zeitlupe auf ihn zugekommen, sodass er jeden einzelnen traf. LSD ist sozusagen eine Art Doping – in den Disziplinen Sehen, Hören und Fühlen.

Während ich auf das Meer starrte, war Therese zu einem Zylinderputzerbaum getänzelt und hatte sich in dessen stachelige Blüten verguckt. Sie riss zwei davon ab und stellte sich eine kleine Ewigkeit lang bei jedem einzelnen Stachelchen des Gewächses persönlich vor. Es gehört zu den Nachteilen eines gemeinsamen LSD-Trips, dass man zwar zusammen im selben Kino sitzt, aber völlig unterschiedliche Filme schaut – um es metaphorisch zu beschreiben.

Ich hatte mir ein Stück Treibholz aus den Flammen unseres Lagerfeuers genommen, an das ich mich die ganze Zeit klammerte. Das Wurzelstück liegt bis heute in meiner Wohnung, es war für mich wie der Griff des Seils bei einer Wasserskifahrt, an dem ich mich, egal, wie hoch die Wellen in meinem Kopf auch schlugen, festhalten konnte und der mir Sicherheit gab.

Wir blieben dennoch stets in Kontakt zueinander und beschlossen, den Strand zu verlassen und unseren schillernden Blick auf andere Orte zu lenken. Der Nielsen Park befand sich in unmittelbarer Laufnähe, und so machten wir uns dorthin auf. Es fiel uns erstaunlich leicht, dorthin zu spazieren, der Boden unter uns blieb fest und begehbar. Das Gewitter hatte sich inzwischen verzogen und uns bloß ein paar Regentröpfchen beschert, deren Auftreffen auf unserer Haut wir als sensitives Ereignis empfanden.

Wir legten uns auf einen Grashügel, ich schloss die Augen, und auf einmal begann sich eine sexuelle Naturgewalt über mich herzumachen. Ich meinte, einen Orgasmus zu verspüren, ohne auch nur eine Erektion zu haben. Das ist für einen Mann ein durchaus außergewöhnliches Erlebnis. Nur aufgrund dieser Erfahrung, dass Orgasmus und Ejakulation nicht zwingend zusammenhängen, sollte jeder Mann sich auf einen LSD-Trip begeben, dachte ich.

Therese neben mir hatte nichts von meiner erotischen Wallung mitbekommen, sie sezierte gerade Grashalme und Unkrautblüten, als wären es wilde exotische Pflanzen. Ich hatte inzwischen auf dem Smartphone Musik angemacht, Yann Tiersens Soundtrack zum Film *Die fabelhafte Welt der Amélie,* und warf das Gerät hoch in die Luft, von wo aus die Töne in Einzelteile zerlegt wie ein musikalischer Regen auf mich herniederprasselte.

Als die Sonne untergangen war, fuhren wir auf dem Motorroller zurück an den Bondi Beach und hatten selbst mit den Verkehrsampeln unseren schönsten psychodelischen Spaß, die wir als irrste Lightshow empfanden. Als sich die Dämmerung über Sydney legte, ahnte ich, dass in manchen Ecken eine andere Version dieses Trips lauerte. Goa hatte mir gesagt, dass alles Helle leuchten, doch dass jeder kleine Schatten das Potenzial zu einer großen Finsternis haben würde. Ich sah diese Momente dunkel schimmern, aber schlich mich wohlweislich an ihnen vorbei.

Irgendwann trafen wir auf Dimitri und die anderen, die Wirkung schien bereits nachgelassen zu haben, dachte ich zumindest, bis zu jenem Moment, als ich ein Feuerzeug anknipste. Ich schaute in die kleine Flamme, die sich entzündete, und plötzlich explodierte das gigantischste Feuerwerk aller Zeiten in Richtung meiner Pupillen.

Hätte ich nicht wenige Monate später in einem Park in Mexico City einen jungen, hübschen, aber völlig abgehalfterten Obdachlosen mit angepissten Hosen kennengelernt, der sich gänzlich und vermutlich für immer in so einem Trip verloren hatte, würde ich LSD vielleicht noch heute für das heilbringende Manna aller menschlichen Geistesnahrung halten. Ein Jahr nach dieser Erfahrung legte sich ohnehin die große Dunkelheit des Suizids meiner Schwester über mich. Und ich hatte zuweilen das große Bedürfnis, mich in die bunte Welt des LSD zu flüchten. Glücklicherweise hatte ich aber Goas Lehren genau zugehört und wusste, dass diese bunte, schöne und orgasmusreiche Sphäre für mich da nicht mehr bereitstehen würde.

WIESO WIR EINE NEUE HALTUNG ZU RAUSCHMITTELN BRAUCHEN UND VIEL MEHR RESPEKT

MIT DEM PANIKDOKTOR

Die Drogenfrage gehört zu den schwierigsten in diesem Buch. Schließlich gilt es, diese große Diskrepanz zu klären: Wie kann ein Junge, der die Folgen des Rauschgiftmissbrauchs so dramatisch erfahren musste, sich selbst daran vergreifen? Vielleicht ist es auch genau andersherum. Bloß weil ich die Gefahren so genau kenne, bin ich bereit, damit verantwortungsvoll umzugehen. Aber geht das überhaupt, wäre die einzige vernünftige Lösung nicht jene, ganz darauf zu verzichten?

Es ist also wieder einmal Zeit, einen Fachmann hinzuziehen. Doch wen befragt man, wenn es um Drogen geht? Seit Langem ist mir der sogenannte Panikdoktor ein Begriff, der diesen Spitznamen von Udo Lindenberg bekommen hat, weil er ihn und Udo Lindenbergs »Panikorchester« viele Jahre beraten hat. Und natürlich kommt er auch im Werk von Benjamin von Stuckrad-Barre vor, dem großen Popautor und noch größeren Udo-Lindenberg-Fan, der zeitweise ziemlich heftig mit einer Kokssucht zu kämpfen hatte. Alle möglichen Leute schwören geradezu auf seine Expertise, also muss ich den Mann auch dringend mal sprechen.

Ich kannte den Panikdoktor nicht persönlich, habe aber über Freunde herausfinden können, wer sich dahinter verbirgt: ein Allgemeinmediziner aus Hamburg, den ich einfach anschreibe und bitte, mir ein paar Expertentipps zu geben. Als er sich endlich meldet, bin ich gerade in Mexiko unterwegs. Er will genau wissen, wo ich mich befinde, ob es ein paar aztekische Heiligtümer in der Umgebung gibt, und ich muss ihm versprechen, erst ein paar Fotos davon zu schicken, bevor er zu einem Gespräch bereit ist. Über seine prominenten Patienten verliert er natürlich kein Wort, Schweigepflicht und so. Überhaupt habe er seine Beratertätigkeit für den Rock- und Literaturbetrieb nie öffentlich gemacht. Ich müsse mich also entscheiden, ob ich nun ihn unter seinem Namen befrage oder aber als »Panikdoktor«. Ich entscheide mich natürlich für Letzteres. Und selbst wenn er nicht jener ominöse, legendäre »Panikdoktor« wäre, all das, was er mir in nur einem einzigen Telefonat über Drogen zu sagen hat, lohnt es, ihn aufzusuchen. Und seine Einsichten in diesem Buch unters Volk zu bringen. Hört ihm gut zu!

»Hallo, Mister Panikdoktor, ich möchte mit Ihnen über Grenzüberschreitungen sprechen.«

»Ja gut, das ist ein weites Feld, nicht wahr? Grenzüberschreitungen beginnen bereits, wenn man sich gegenübersitzt und sich zu lange in die Augen guckt. Das ist vielleicht drei Sekunden angenehm, dann dringt man bereits in den privaten Raum des anderen ein.«

»Ich verstehe, wir wollen allerdings über die Entgrenzung sprechen, die Drogen in uns auslösen.«

»Es gehört ganz offenbar zu uns und unserer Kultur. Wenn wir uns wundern, dass das Komatrinken bei den Jugendlichen so zunimmt, muss man wissen, dass das bereits die alten Germanen gemacht haben, auch die Ägypter waren große Komasäufer. Diese Art des Rausches war in früheren Zeiten etwas Heiliges. Unter benebelnden Dämpfen versuchte man die Unterschiede zwischen Tag und Nacht aufzuheben, zwischen Diesseits und Jenseits. Im Rausch glauben wir, die Auferstehung zu erleben.«

»Aber es ist bloß Illusion.«

»Ein Wahn kann auch wahr sein. Für uns Ärzte spielt es ohnehin keine Rolle, ob der Wahninhalt wahr ist. Und der Rausch ist eine Vorform zum Wahn. Wir nennen das Hypermentalisierung, in etwa das Gegenteil des Autistischen. Durch den Einsatz von Rauschmitteln erfahren wir den Zugang zur ganzen Welt, durch die Substanzen verändert sich unsere Kommunikation, wir erleben eine höhere Zuschreibungsbereitschaft, eine außergewöhnliche Erlebnisqualität.«

»Ich beschreibe in diesem Kapitel eine LSD-Erfahrung, die ich einmal gemacht habe. Da hatte ich den Eindruck, als wären mir alle Filter genommen, die ich ein Leben lang aufgebaut hatte. Sind die Einsichten, die man dabei gewinnt, auch real?«

»Aber natürlich! Sie haben da eine Entkoppelung von der Bedeutung erlebt, die Erwachsene kaum mehr haben. Für Kinder ist es normal, sie sehen die Dinge noch unverstellt, dann kommen die Erwachsenen und sagen: Das ist so oder so, das bedeutet dieses und das jenes. Das runde Ding heißt Ball, es ist aus Plastik und es kostet 5,80 Euro.«

»Schrecklich eigentlich.«

»Ich sehe ständig Menschen, die dieses triste Denken geradezu ausstrahlen. Denen möchte man eigentlich sofort ein paar Drogen verschreiben.«

»Das Kind in mir zu erhalten, ist ein wichtiges Lebensthema für mich. Aber klappt das wirklich mit Drogen?«

»Natürlich nicht, aber wir kommen darin manchem nahe, was wir als Kind erlebt haben. Diese Begeisterungsfähigkeit, dass man sich vorkommt, als würde man im Schwingen mit der ganzen Welt sein.

Der Kontakt zum Unaussprechlichen, plötzlich scheint erfahrbar, was die Götter einem schenken, die ganze Großartigkeit der Welt. Natürlich ist das der Grund, weshalb wir den Rausch suchen. Das Alltägliche verflüchtigt sich zugunsten des intuierenden Denkens, was wir als Bauchgefühl oder Spürsinn bezeichnen. Und manchmal entsteht dabei auch Großes, weil im Zustand der Beglücktheit so etwas wie Fortune möglich ist. Goethe hat das so herrlich formuliert: ›Alles geben Götter, die unendlichen, Ihren Lieblingen ganz, Alle Freuden, die unendlichen, Alle Schmerzen, die unendlichen, ganz.‹«

»Hat der Rausch eigentlich so etwas wie eine evolutionäre Bedeutung, gehört er zum Menschsein schlichtweg dazu?«

»Das ist ja klar. Wenn eine Population in Not gerät, eine Art von Bedrohung spürt, verfällt sie in wahnhafte Züge. Dann schüttet der Körper das sogenannte Notendorphin aus. Vermutlich sind in solchen Situationen die Religionen entstanden, weil man im

Wahn irgendwelche Götter anruft. Aber es ergibt Sinn: Denn der Wahn eröffnet die Möglichkeit, intuitiv zu denken, über die bekannten Grenzen hinweg. Und nimmt vielleicht die schräge, unerwartete Ausfahrt, die einen rettet. Ungewöhnliche Verhaltensweisen zu finden, das induktive, reduktive Denken zu verlassen, neue Techniken auszuprobieren – das *ist* schlicht die Evolution.«

»Apple-Gründer Steve Jobs hat einmal seine LSD-Räusche als prägend bezeichnet und darin manche Technologie vorausgesehen, die er später erfunden hat. Angeblich hat er sogar in Bewerbungsgesprächen die Leute nach ihren Drogenerfahrungen befragt. Wäre die Welt ohne Drogen überhaupt eine bessere?«

»Es ist wie immer eine Frage der Dosis und des Maßes. Das ist ganz wichtig. Drogen sind ein soziales Klebemittel. Der Rausch hat ein Delete-Programm, das uns vom Müll der Erinnerungen befreien kann, durch den wir uns kaum bewegen können. Die Menschen mit dem Fahrstuhlblick allein hätten die Welt nicht weitergebracht. Fortschritt entsteht nicht durch starre Rigidität.«

»Manchmal wünscht man sich, unsere Politiker würden sich eine Ecstasy-Bowle zubereiten.«

»Es gab Anfang des 20. Jahrhunderts einen Psychiater namens Wilhelm Reich, der solche Ideen hatte. Er wollte die politischen Anführer in eine bionische Energie schicken, damit sie in einer Art gemeinsamen Orgasmus die Vision einer glücklichen Welt erleben und so gegen Faschismus und das Autoritäre angehen. Aber wir sind ja von Leuten wie dem alten Kanzler Helmut

Schmidt geprägt, der sagte: ›Wer Visionen hat, soll zum Arzt gehen.‹«

»War nicht der Faschismus selbst eine Art Wahn, ein gigantischer böser Rausch?«

»Ja, natürlich. Auch die Kriegserfahrung selbst, diese Leute kamen mit dem Kick der Todesangst zurück. Vielleicht ist der Krieg als evolutionäres Prinzip deshalb so sehr in uns verankert. Aber die alten Germanen oder Wikinger haben sich im gemeinsamen Rausch auch wieder versöhnt.«

»Schade bloß, dass der Rausch auch immer Sucht bedeuten kann. Gibt es auch einen Rausch, der keine Gefahren birgt?«

»Askese kann auch ein Rausch sein. Fragen Sie mal die Franziskaner. Wobei auch das zu Schäden führen kann, sobald die Mönche beim Fasten mit dem Blutzucker unter die Grenze von 40 geraten, sehen die freilich die leibhaftige Maria Muttergottes vor sich. Die Sucht gehört leider dazu. Selbst wenn sich die Mönche früher selbst gegeißelt haben, um das Leiden Christi zu imitieren, hat der Schmerz Endorphinausschüttung ausgelöst. Jedes solcher Erlebnisse, das einem diesen Schub gibt und Dopamin und Endorphine freisetzt, verlangt nach Wiederholung. Schon eine Prise Kokain macht eine Veränderung im Gehirn, die unumkehrbar ist. Das lässt sich im MRT genau beobachten.«

»Ich habe erzählt, dass mein eigener Vater heroinsüchtig war, er gleichzeitig ein toller Vater für uns gewesen ist. Wie geht das?«

»Jeder Umgang mit Drogen ist individuell, jede Sucht eine andere. Jede Drogenerfahrung hinterlässt Trampelpfade im Hirn, von denen wir uns nicht mehr befreien können. Deshalb ist der Cannabiskonsum bei Jugendlichen tatsächlich sehr viel schädlicher, als viele glauben. Vor der Ausreifung des Gehirns, also etwa mit einundzwanzig Jahren, sollte man sich Drogenerfahrungen verkneifen. Ich persönlich würde ohnehin lieber darauf verzichten, etwas zu rauchen, was dreißig Tage im Hirn bleibt, wie es bei Cannabis der Fall ist.«

»Ist die Veranlagung zur Sucht genetisch bedingt?«

»Ja, natürlich, das werden Sie selbst auch kennen. Ihre Familienkrise könnte das auch befördert haben, hier die Cortisol ausschüttende Mutter, dort der Vater auf Heroin. Man kann auch süchtig nach Krisen werden, das kann die Gene weiterformen.«

»Sie haben Menschen, die Drogen nehmen, beraten. Gibt es eine Art Einmaleins im Umgang mit Rauschgiften?«

»Das ist, wie gesagt, immer individuell, bei dem einen ist es die Sensationssuche, der andere braucht das ozeanische Gefühl, sich darin aufzulösen, der andere will sich durch den Raum geschleudert sehen und darin zusammenfassen. Man muss die Vorgeschichte und die Träume des Einzelnen kennen, um da einen wirklichen Rat geben zu können.«

»Aber was gilt im Generellen, wenn man Drogen nimmt?«

»Drogen zu nehmen, bedarf einer guten Vorbereitung und Beratung. Nirgendwo wird mehr Schindluder getrieben als in diesem Bereich. Vor einiger Zeit musste eine ganze Gruppe eines Heilpraktikerseminars ins Krankenhaus abtransportiert werden, weil deren Guru denen angeblich therapeutische Drogen verabreicht hatte und nicht wusste, was da eigentlich alles drin war.«

»Drogen sind in unserer Gesellschaft omnipräsent, legale wie illegale. Müssten wir in den Schulen nicht ein Pflichtfach einführen, das den Umgang damit den Kindern beibringt?«

»Natürlich wäre das das Beste, wir brauchen eine Rauscherziehung. Ein Lehrer an meiner Universität hat seinen Medizinstudenten alle Drogen verabreicht, damit sie lernen, was das bedeutet. Er war der Ansicht, dass jeder werdende Arzt diese Erfahrungen selbst machen sollte. Die meisten Menschen wissen nicht, mit der Göttlichkeit der Drogen umzugehen. Das war früher anders. Ich kannte Morphinisten und Kokainisten, die genau wussten, wie sie damit umgehen, und die waren geschätzte Mitglieder ihrer Gesellschaft. Man muss einfach Respekt vor der Droge haben. Und auch die Vorteile der Nüchternheit zu schätzen wissen.«

»Wie stelle ich fest, dass ich in schwierige Fahrwasser mit den Drogen geraten bin?«

»Man muss sich stets den Spürsinn behalten, die emotionale und kognitive Beeinträchtigung als solche wahrzunehmen. Und man muss wissen, welcher Typ man ist. Depressive Menschen wissen oft sehr viel genauer, wie sie etwas einschätzen. Die haben eine exakte Vorstellung – etwa davon, wie weit ein Ufer vom anderen entfernt ist, oft auf den Meter genau. Hypomanische

Typen hingegen glauben, jedes noch so wilde Pferd bändigen zu können. Beim Drogenkonsum muss ich meine Grenzen und die Gefahren kennen und genau einschätzen, sonst tritt einen das wilde Pferd am Ende tot. Es gibt kognitive Tests, um sich etwas besser einschätzen zu können.«

»Sollte der Gesetzgeber seine Haltung zu Drogen ändern?«

»Das wird sich ändern müssen. Durch Verbote lässt sich das Problem nicht in den Griff bekommen, was man ja auch daran erkennt, dass die Menschen, die diese Gesetze im Bundestag beschließen, selbst gerne dazu greifen. Und gleichzeitig nichts dagegen tun, dass kleine Schnapsflaschen direkt an der Kasse beim Supermarkt aufgestellt werden. Der richtige Umgang mit Drogen ist für eine Gesellschaft als Gesamtes wichtig, weil man wissen muss, wie man mit Krisen und Gefahr umgeht. Der Staat muss erkennen, dass er seinen Bürgern den Rausch nicht wirksam verbieten kann, aber das gesellschaftliche Problem des Missbrauchs in den Griff bekommt, indem er Kompetenz im Umgang vermittelt. Dann können Drogen ein Instrument sein, um die Schönheit der Welt erfahrbar zu machen.«

Während ich in Mexiko mit dem Panikdoktor in Hamburg telefoniere, werden hier rundum gigantische Mengen an Drogen angebaut. Tausende Menschen sterben aber auch im Zuge der Drogenkriege und durch die Gewalt der Drogenmafia. Mich wundert es immer, die Leute, die man nachts »druff« auf der Tanzfläche der Klubs trifft, im Reformhaus zu sehen, wie sie sich nach den genauen Ingredienzien und dem biologischen Anbau der Produkte erkundigen. Und sich genau informieren, ob ihre Klamotten und ihr Kaffee Fair Trade hergestellt wurden, gleichzeitig klebt an jeder Line Koks und an mancher Blüte Marihuana Menschenblut. Jeder, der schon einmal Drogen ausprobiert hat, muss mit diesem moralischen Paradoxon zurechtkommen. Das Gespräch mit dem Hamburger Medizinmann hat mich jedenfalls darin bestätigt, mit euch offen darüber zu sprechen. Es bringt nichts, herumzudrucksen und zu schwindeln: Ich mag den Rausch, und mir hat es wichtige Momente beschert, Drogen zu nehmen. Wir sollen anfangen, darüber offen zu sprechen – und auch einen neuen Umgang damit einzufordern. Es hat noch nie funktioniert, Drogen zu verbieten. Die Schuld an dem millionenfachen Leid liegt zum Großteil an überholten Gesetzen, die sich den Realitäten verweigern.

Etwas anderes ist mir im Gespräch noch klar geworden: Der Drogenmissbrauch meines Vaters und dessen Folgen waren so etwas wie eine Erziehung zum richtigen Umgang mit Rauschmitteln. Er hat mich dadurch – auch wenn er es nicht bewusst getan hat – auch sensibilisiert und gewarnt, was geschehen kann. Sein Leid und das Leid, das es über uns gebracht hat, müssen nicht zwingend dazu führen, dass ich ganz auf Drogen verzichte, sondern können mich einen maß- und respektvollen Umgang damit lehren.

WARUM DAS NACKTSEIN VIEL MEHR IST, ALS NICHTS ANZUHABEN

»Und er sprach: Ich hörte deine Stimme im Garten und fürchtete mich; denn ich bin nackt, darum versteckte ich mich. Und er sprach: Wer hat dir's gesagt, dass du nackt bist?«
(Bibel nach Martin Luther, 1 Mose 3:10–11)

Die folgende Geschichte möchte ich euch nicht so erzählen, wie sie sich zugetragen hat. Ich würde damit die Privatsphäre einer Freundin und ihrer Familie verletzen, was nicht die Idee dieses Buches sein soll. Deshalb seht es mir nach, dass ich im Ungefähren bleibe und auf viele Details verzichte.

Ich kann nicht sagen, ob Nora und ich zueinander gefunden hatten, weil wir ein gemeinsames Schicksal teilten. Auch in ihrer Familie hatte sich etwas Dramatisches zugetragen, allerdings etwas ganz anderes als das, was mit Lisa geschehen war. Aber es hat uns offenbar füreinander sensibilisiert. Als wir einander näherkamen, lagen beide Vorfälle noch nicht lange zurück, und es bedeutete jedem von uns enorm viel, über die Erfahrungen sprechen zu können. Jedes Wort darüber, das von einem Gegenüber auch verstanden wurde, fühlte sich wie eine kleine Erlösung an. Als wir uns zum ersten Mal in einer Münchner Bar trafen, wusste keiner vom Schicksal des anderen, vielleicht strahlt man aber auch etwas aus, was den anderen instinktiv anzieht und berührt.

Sie war über Nacht aus ihrer bisherigen Wohngemeinschaft ausgezogen und hatte mit ihrem Hab und Gut vor meiner Haustür in der Kirchenstraße gestanden. Das Zusammensein mit Nora wirkte wie eine Therapie. Gar nicht, weil wir uns ständig darüber ausgetauscht und uns in unserem Leid gewälzt hätten – eher im Gegenteil. Seit Lisas Tod waren meine Familie und ich plötzlich darauf reduziert worden, »die Angehörigen« zu sein. Man konnte nirgendwo hingehen, ohne auf bestürzte Gesichter und mitleidige Blicke zu treffen, allerorten ausnahmslos Anteilnahme. Es war zum Verrücktwerden. Man hatte kein Alltagsleben mehr, sondern musste ein Mensch in Trauer sein – und dies verpflichtend rund um die Uhr. Ich spüre das Dilemma auch jetzt gerade, beim Schreiben dieser Zeilen, sofort steigt dieses schlechte Gewissen auf, in dem Zusammenhang etwas anderes empfinden und erleben zu wollen als Trauer und Erschütterung.

Nora war es ähnlich ergangen, und es war für uns beide befreiend, füreinander nicht rund um die Uhr bloß Mitleid zu empfinden, sondern einfach normale junge Verliebte sein zu dürfen, die das tun, was man mit neunzehn oder zweiundzwanzig nun mal tut: fröhlich und verliebt sein, Spaß haben. Jawohl, Spaß haben. Man ist kein gefühlskaltes Geschwistermonster, nur weil man sich nicht rund um die Uhr der Tragödie hingibt, die ohnehin ständig wie eine dunkle Gewitterwolke über einem herzieht. Doch egal, was du tust, ob du nachmittags ins Freibad gehst oder nachts in eine Bar, irgendwo ist immer irgendwer, der dir sein Beileid bekundet oder jemand anderem erzählt, dass du dieser arme Simon bist, dessen Schwester sich aufgeknüpft hat, während du in Südamerika beim Partymachen warst. Wenn Nora und ich zusammen waren, dann verflüchtigte sich diese Wolke, die gemeinsame Erfahrung gab uns die Möglichkeit, nicht ständig über diese sprechen zu müssen.

Wollten wir nicht über Nacktheit sprechen? Aus metaphorischer Sicht waren Nora und ich füreinander ständig splitternackt, wir hatten uns voreinander emotional entblößt, den Trauerflor in die Ecke gefetzt, einander in die Dunkelheit unserer Seelen schauen lassen. Und natürlich waren wir wahnsinnig gerne ganz real nackt.

Unser aufregendstes gemeinsames Erlebnis war unsere Reise nach Südostasien – Hongkong, Thailand, Kambodscha, Vietnam, teilweise nur auf klapprigen Motorrädern. Wir wollten gemeinsam eine Auszeit von unserem Münchner Umfeld, von unseren Familien im Ausnahmezustand nehmen. Die Silvesternacht 2012/2013 verbrachten wir noch mit gemeinsamen Freunden in Hongkong, waren um Mitternacht unerlaubterweise durch einen Notausgang auf das Dach unseres Hotelhochhauses geklettert und hatten befreit auf die endlose Weite der Feuerwerke, die über dem Hochhausgebirge Hongkongs glitzerten und krachten, geguckt. Sam, ein großzügiger, aber leider nicht sonderlich alkoholfester Entrepreneur und unser Gastgeber, hatte inzwischen seiner Freundin unten im Klub völlig besoffen einen verunglückten Heiratsantrag gemacht und eine – vorläufige – Abfuhr kassiert.

Den Rest der Nacht verbrachten wir damit, Sam zu unterstützen und ihm gut zuzureden, während er über der Kloschüssel seinen Alkoholüberschuss loszuwerden versuchte. Die ersten Stunden des neuen Jahres sollten also nach Kotze riechen, aber wir waren so voller Zuversicht, dass wir es nicht als Omen deuten wollten.

Am Morgen bestiegen Nora und ich zu zweit das Flugzeug Richtung Thailand. Uns beiden war die Vorfreude anzumerken, wir hatten in der Zwischenzeit noch weitere Gemeinsamkeiten aneinander ausgemacht – darunter die Freude an ganz realer, unmetaphorischer Nacktheit und deren Inszenierung vor der Fotokamera.

Schon in München hatten wir das eine oder andere Motiv inszeniert. Sie hatte Freude daran, sich splitternackt vor einem Baudenkmal zu rekeln, etwa an einem der steinernen Riesen auf der Luitpoldbrücke, jenem klobigen Jäger, der den Stamm der Altbaiern personifizieren sollte. Bei jenen gemeinsamen Shootings war diese besondere Ästhetik entstanden, die bis heute all meine Motive verbindet. Es ist nicht so, dass ich irgendetwas Neues erfunden hätte. Helmut Newton, Peter Lindbergh, Ryan McGinley, Jürgen Teller und viele andere Fotografen haben in diesem Stil fotografiert. Und es fiele mir schwer, konkret zu sagen, wodurch sich meine Fotos von jenen abheben. Und doch tun sie es. Vielleicht finden wir es noch heraus.

Ich meine, dass es sogar große Unterschiede zwischen meinen Bildern und jenen der Größen der Nude Photography gibt. Der allerwichtigste ist leicht zu formulieren: Kein anderer Fotograf legt so großen Wert darauf, sich aus der Position des Voyeurs zu lösen wie ich. Das passiert völlig automatisch, indem ich selbst pudelnackt durch meine Motive hüpfe. Dadurch entsteht Augenhöhe, ein gemeinsames Erleben von Blöße. Wer schon einmal in den USA oder anderen Ländern mit ausgeprägter Prüderie nackt in der Sauna gesessen und sich plötzlich zwischen lauter Saunierenden in Badeklamotten wiedergefunden hat, weiß sofort, wovon ich spreche.

Und dann ist da noch diese große Verspieltheit, der freche und freizügige Spaß, der ja nie Inszenierung ist, sondern immer tatsächlich vor meiner Kamera abgeht.

Ich habe in meinen Modeljahren bei unzähligen Fotoshootings erleben und beobachten müssen, wie unangenehm so eine Situation werden kann. Man merkt es den Models oft an, dass sie es als unangenehm empfinden, sich auszuziehen, auch wenn in Verträgen vorher auf das Genaueste festgelegt wurde, welchen Nippel man in welchem Winkel sehen darf, und trotz aller Freiwilligkeit und Vergütung das Gefühl von Scham und Schande über der Produktion liegt.

Meine früheren Bilder dieser Art – mit Jen und den anderen in Australien vor etwas über einem Jahr – sind ganz anders entstanden. Und mir war schnell klar, dass wir von unserer gemeinsamen Südostasienreise nicht ohne solche Aufnahmen von uns selbst zurückkehren würden. So arteten die zwei Monate in Südostasien zu gigantischen Nacktshootings mit Reisehintergrund aus.

Es gibt noch einen ganz banalen Grund, weshalb wir hauptsächlich Bilder dieser Art machten: Touristen sehen nie gut aus, man trägt aus nachvollziehbaren Gründen praktische Freizeitkleidung, durchgeschwitzte T-Shirts, merkwürdige Mützen und Schweißbänder. Die einzige Möglichkeit, ästhetische Bilder auf Reisen zu machen, ist es nun mal, all das wegzulassen und auszuziehen.

Natürlich ist es mit zahlreichen Schwierigkeiten verbunden, sich in fremden Ländern zu entblößen. Nacktheit ist in vielen Kulturen nicht willkommen. Als Münchner muss man sich dafür erst einmal sensibilisieren. Denn ausgerechnet im bodenständigen und manchmal recht konservativen Bayern ist es durchaus üblich, dann und wann die Hose runterzulassen. Was in den meisten Stadtparks der Welt dazu führen würde, eine Anzeige wegen öffentlicher Unzucht zu kassieren, ist bei uns Teil des alltäglichen Freizeitverhaltens. Der Englische Garten verfügt über mehrere Liegewiesen, auf denen es als völlig normal angesehen wird, sich unschuldig nackt unter den bayerischen Himmel zu legen, während auf der anderen Seite des Eisbaches ganz gewöhnliche Familien picknicken.

Zudem ist Münchens traditionelle Kultur über und über von Nackten bevölkert. Unsere antikenverliebten Könige legten weltberühmte Sammlungen griechischer und römischer Skulpturen an, deren Schöpfer keinen großen Wert auf das Meißeln von Textilfalten in ihre Bildhauerarbeiten legten. Selbst unsere katholischen Kirchen und Kathedralen zeigen die Engel, Heiligen und Märtyrer selten in Garderobe.

Aber es hilft nichts, als kultursensibler Weltreisender hat man sich den örtlichen Gegebenheiten anzupassen, darüber muss man nicht diskutieren. Nora und ich haben deshalb penibel darauf geachtet, dass uns niemand sieht, wenn wir unsere nackten Leiber in die Landschaft drapierten. In Kambodscha entdeckten wir einen sehr traurigen, abgehalfterten Zoo, den niemand besuchte und in dem uns die Tiere mächtig leidtaten. Aber das öffentliche Desinteresse an der Anlage ermöglichte es uns, unbeobachtet die herrlichsten Selbstinszenierungen zu veranstalten. Nora drapierte sich in das Maul eines gigantischen steinernen Löwen, und so entstand eines unserer intensivsten und aufregendsten Bilder.

Trotz aller Bemühungen stießen wir in schwierige Gefilde vor, ohne dass es uns bewusst war. Als einen der Höhepunkte unserer Kambodschareise hatten wir den Besuch der weltberühmten Tempel von Angkor Wat 240 Kilometer nordwestlich der Hauptstadt Phnom Penh geplant. Die Anlage stammt aus dem 12. Jahrhundert, gehört zum UNESCO-Weltkulturerbe und gilt außerdem als die größte religiöse Anlage überhaupt. Nachdem Angelina Jolie in dieser verwunschen wirkenden Welt aus alten Mauern und verschlungenen Bäumen *Tomb Raider* gedreht hatte und täglich Tausende Touristen durch die uralten Tempel schlurfen, kam uns nicht in den Sinn, dass dieser Ort heute noch als sonderlich heilig zu achten wäre.

Zur Sicherheit erkundigten wir uns bei einem der Tuk-tuk-Fahrer, ob es tolle Ecken in der Anlage gäbe, wo wir ungestört wären und es kein Problem darstellen würde, ein paar aufregende Fotos zu schießen. Der Mann hatte sofort eine Idee und fand auch nichts Verwerfliches an unserem Ansinnen. Wir verstanden uns auf Anhieb, und er überließ mir das Steuer seines klapprigen Gefährts und genoss die erstaunten Blicke der Einheimischen, als er sich, im Arm von Nora, von mir, dem europäischen Touristen, als Driver, durch seine heimatlichen Straßen kutschieren ließ.

Nach einer halben Stunde Fahrt erreichten wir den idyllischen und menschenleeren Ort. Wir baten ihn um eine Stunde Privatheit und ließen unsere Hüllen fallen. Wir hatten abenteuerliche Affenmasken mitgebracht, mit denen wir zwischen den bemoosten Ruinen posierten.

Es sind grandiose Bilder, verspielt und fantasiereich. Schon als wir zurück in unserem Hotelzimmer waren, postete ich die beste der Aufnahmen auf Tumblr. An die zehntausendmal wurde das Bild geteilt. Erst einige Monate später bemerkte ich, dass uns da ein ziemlicher Fauxpas unterlaufen war. Durch die internationale Tagespresse ging die Meldung, dass sich ganz Kambodscha über Besucher der Tempelanlage erregte, die dort Nacktfotos gemacht hatten. »Nackte Touristen sorgen für Ärger in Angkor Wat«, schrieb *Die Welt* – und mir stockte kurz der Atem, weil ich befürchtete, dass es in diesem Artikel um uns ging. Dem war allerdings nicht so, er handelte von zwei amerikanischen Mädchen, die irgendwo vor einem Tempel Fotos mit blanken Brüsten geschossen hatten, dort von Sicherheitskräften beobachtet, verhaftet und für immer des Landes verwiesen worden waren. Es dauerte jedoch nicht lange, bis mich Anfragen von kambodschanischen Journalisten erreichten, die auch unsere Motive im Netz entdeckt hatten. Was tun? Ich entschied mich, zu meinen Fotos zu stehen und zu erklären, dass unsere Bilder in völliger Abgeschiedenheit entstanden waren – und wir allergrößten Respekt vor den religiösen Gefühlen aller Kambodschaner empfinden würden.

In Wahrheit hatten wir uns jedoch viel zu wenig über diese Problematik informiert, ich hatte lediglich auf Wikipedia gelesen, dass die Tempel vor tausend Jahren von einem König dem Gott Vishnu geweiht worden waren. Ich hatte das Ganze für vergleichbar mit den Pyramiden von Gizeh, den griechischen Tempeln für die alten Gottheiten wie Apollo, Zeus oder Poseidon gehalten oder irgendeinem Elfentanzplatz in Island. Das war natürlich sehr ungebildet und arrogant. Es wäre ein Leichtes gewesen, herauszufinden, dass dieser Vishnu bis heute eine der

Hauptgottheiten des Hinduismus darstellt und deshalb unbedingt zu achten ist. Für mich persönlich steht die Kunstfreiheit oberhalb religiöser Gefühle, aber das gilt nicht für die heiligen Stätten religiöser Menschen und schon gar nicht in deren eigenen Ländern.

Unser Tuk-tuk-Fahrer-Freund hatte es allerdings gut mit uns gemeint und uns an einen nicht allzu problematischen Ort gebracht. Die kambodschanischen Journalisten hatten aufgrund meiner erklärenden und um Entschuldigung bittenden E-Mails erkannt, dass wir keine gute Fortsetzungsstory hergeben würden, und die Angelegenheit verebbte. Mir war klar, dass dies pures Glück war. Die Religionsstätten anderer Menschen sind kein Ort für Karnevalsumzüge und auch kein Requisitenfundus für lustige Fotosessions. Ich muss allerdings gestehen, dass ich die Bilder immer noch wunderschön finde. Es sind jedoch auch keine hinduistischen Götter dabei zu Schaden gekommen.

Ich selbst bin kein Anhänger irgendeiner Religion, aber ich lehne sie nicht grundsätzlich ab. Ich mag die vielen spirituellen Welten, die unsere Menschheit hervorgebracht hat, auch wenn die Auswirkungen und Umsetzungen allzu oft zu grauenvollen Ergebnissen geführt haben. Würde ich an einen bestimmten Gott glauben, denke ich mir, würde er diese Nacktheit unbedingt schätzen. Ist es nicht so, dass sich alle Gläubigen am Ende nackt vor ihrem Schöpfer einfinden? Und ist nicht jede Beichte ein Seelenstriptease vor dem Herrn?

Vielleicht habe ich mir aber trotzdem mit meinen Tempel-Nacktfotos ins eigene Karma gespuckt. Kurz nach der Angkor-Wat-Aktion suchte mich nämlich ein Anopheles-Weibchen heim und bescherte mir eine üble Malariaerkrankung. Glücklicherweise brach die Krankheit in unserem Hotel in Hoi An aus, wo das nächste Krankenhaus gleich um die Ecke lag. Mein Körper magerte innerhalb weniger Tage ab, ich verlor sieben Kilo. Die Erlösung nahte, als ich das nächste Mal meine Hosen runterließ. Eine vietnamesische Krankenschwester pikste mir mit einer abenteuerlichen Spritze in den Po, und schon nach wenigen Stunden spürte ich, wie es wieder bergauf ging.

Für mich war die Reise ungemein befreiend, wir hatten Urlaub von der Trauer, und ich konnte für einige Wochen die Bitterkeit der Familientragödie hinter mir lassen. Doch schnell hatte uns die Realität wieder eingeholt, als wir heimische Gefilde erreichten.

Auch wenn uns diese Reise noch einmal mehr zusammenschweißte, ging unsere Beziehung doch auseinander. Wir waren der richtige Match für eine bestimmte Zeit, in einer ganz speziellen Situation. Irgendwann war vielleicht die Mission dieser besonderen Beziehung erfüllt. Freunde blieben wir jedoch weiterhin.

Nach dem gerade noch einmal abgewendeten Debakel mit den Nacktfotos in Kambodscha musste ich meine Lust an der Provokation neu überdenken. Bei einem Fotografenseminar in Venedig, wo ich drei Jahre hintereinander an Kursen mit Starfotografen wie Peter Lindbergh, Vincent Peters und Paolo Roversi teilnahm, lernte ich Marisa Papen kennen. Marisa hat weltweit für Furore und noch viel mehr für Empörung gesorgt, weil sie bewusst das tat, was mir eher nebenbei und unbewusst passiert war. Die Belgierin zieht absichtlich und geradezu programmatisch vor heiligen Stätten blank, um gegen die Bevormundung von Frauen durch Religionen zu protestieren.

Sie raucht nicht, trinkt nicht, nimmt keine Drogen und isst kein Fleisch, ihr Sündenregister beschränkt sich allein auf die Lust, nackt die Religiösen gegen sich aufzubringen. Dabei kennt sie kein Pardon und keine Furcht. Es gibt berühmte und vor allen Dingen berüchtigte Nacktfotos von ihr, die ganz klar darauf ausgerichtet sind, zu provozieren. Die fotografischen Ansichten von Marisas Brüsten und auch ihrer unverhüllten Vulva gibt es aus dem Vatikan, aus der Istanbuler Hagia Sophia und mit der Jerusalemer Klagemauer im Hintergrund. Auf sie trifft die Redewendung »die kennt keinen Gott« ganz besonders zu.

»Es ist ein Schrei nach Freiheit, ich sehne mich nach Zeiten, in denen Frauen Königinnen waren und nicht Unterdrückte«, sagt sie, und ich finde ihre Botschaft sehr gut nachvollziehbar.

Wir sind zusammen durch Venedig spaziert und haben spektakuläre Bilder gemacht, glücklicherweise, ohne Gläubige gegen uns aufzubringen. Die Brücken und Palazzi der Lagunenstadt, wo ich sie ablichten durfte, kennen nur einen einzigen Schutzpatron, nämlich Giacomo Casanova, der bestimmt nichts dagegen gehabt hätte.

Diese Liebe zur Unbeschwertheit und zum freizügigen Schabernack muss bei einem heterosexuellen weißen Jungen leider ständig auf den Prüfstand. Meine ideellen Vorbilder sind immer noch die Hippies, die in Woodstock nackt tanzten und mit ihren Klamotten auch die bürgerlichen Konventionen abstreiften. Ich bewundere Menschen wie Uschi Obermaier, die zu einer Ikone gleich mehrerer Revolutionen wurde und heute als – nun ja – ältere Dame immer noch cooler und freier wirkt als die meisten Menschen meiner Generation. Natürlich war das naiv und bescheuert, wie die Hippies sich damals die Welt vorgestellt haben, für die sie kämpfen wollten, aber auch ich möchte in meinen Gedanken naiv sein und manchmal auch gerne bescheuert. Wenn Werbeplakate für eine Ausstellung mit Werken des Renaissancemalers Lucas Cranach in der Londoner U-Bahn aus dem Verkehr gezogen werden, weil da eine splitternackte Venus zu sehen ist und dies den Fahrgästen nicht zugemutet werden soll, dann gerate ich ins Zweifeln, ob ich im richtigen Zeitalter lebe.

Doch der Spaß am Nacktsein überkommt mich immer wieder. Es bedarf auch nicht zwingend einer nackten Frau dafür. Einmal besuchte ich Freunde, die nach dem Abi nach Wien gezogen waren, und unsere kleine Studentensause entwickelte sich mehr und mehr zu einem äußerst kindlichen Vergnügen. Zunächst begannen wir in einer Wohnung herumzualbern. Den ganzen Tag über hatte der Ostwind die trockene Puszta-Hitze in die Stadt getragen, und am späten Abend beschlossen wir, uns auszuziehen und gegenseitig mit Wasserbomben durch die Straßen der österreichischen Hauptstadt zu jagen. Es war ein köstliches Vergnügen, gleichzeitig aber auch ein sehr lautstarkes. Natürlich müssen die armen Wiener auch in heißen Nächten schlafen, und so bereitete irgendwann nach Mitternacht die Polizei unserem Treiben ein Ende.

Selbst den kleinen Auftrag, einen Junggesellenabschied vor einer Hochzeit fotografisch zu begleiten, nutzte ich für einen Nacktshoot. Die Herren wünschten sich obsessive optische Erinnerungsmomente, und so schleuste ich sie in die Bavaria Filmstadt bei München, wo sie zwischen den Besuchergruppen nackt durch die Kulissen turnen sollten.

Leider stellt unser Zeitgeist all das infrage. Tollende nackte Jungsgruppen werden schnell mit Ritualen toxischer Männlichkeit in Verbindung gebracht; wenn ich eine nackte Frau inszeniere, reduziere ich sie möglicherweise auf ihre sexuellen Reize; posiert Nora mit einem Poncho über ihrem entblößten Körper, wie wir es in der U-Bahn von Hongkong gemacht haben, betreiben wir womöglich kulturelle Aneignung. Sich gegen konservative und rechte Prüderie aufzulehnen, hat immensen Spaß gemacht, aber wenn die Orthodoxen plötzlich aus dem linken Lager kommen, das doch historisch stets für Befreiung gesorgt hat, macht das alles deutlich weniger Freude.

Im Corona-Jahr 2020 hatte ich die Möglichkeit, in einer außergewöhnlichen Location zu shooten, nämlich in den Räumlichkeiten des Münchner Museums für Abgüsse Klassischer Bildwerke. Dort stehen unzählige Gipskopien großer antiker Statuen, was eine besondere Kulisse ergibt. Zudem ist die Sammlung in einem Gebäude mit einer krassen Geschichte untergebracht. An dieser Stelle befand sich einmal das Wohnhaus der jüdischen Familie Pringsheim, den Schwiegereltern Thomas Manns. Dieses hatte einem NSDAP-Verwaltungsgebäude weichen müssen, in dem ich nun stand, um ein fröhliches Arrangement nackter Frauen abzulichten. Ich hatte meinen Freunden Rainer Langhans und Christa Ritter, beide frühe Aktivisten der 68er-Bewegung, Bescheid gegeben, und sie kamen spontan vorbei und beobachteten das Spektakel.

Ich hatte natürlich von Anfang an einen bestimmten Hintergedanken, auch wenn ich mich kaum traute, ihnen davon zu erzählen. Einerseits sind die beiden etwa zwanzig Jahre vor meiner Geburt als nackte Aufwiegler bekannt geworden und sollten insofern wohl kaum Scham empfinden, sich zu unserem Arrangement hinzuzugesellen. Andererseits war es damals ein politisches Statement gewesen, eine Lebenseinstellung und kein Fotogag.

So geschah es, dass diese beiden Menschen, die auch meine Großeltern sein könnten, nackt die vorbereiteten Podeste bestiegen und die Fotos später in Magazinen wie dem *Spiegel* und dem *Stern* abgedruckt wurden.

Urkommunarde Rainer hatte kein Problem damit, Christa kostete es ein bisschen Überwindung, bis sie sich von jeglicher Scham befreit hatte. Es mag kitschig und abgedroschen klingen, wenn ich behaupte, dass ich jeden Körper schön finde, aber es entspricht schlichtweg der Wahrheit. Es gibt viele Möglichkeiten, sich durch Kleidung zu entstellen, durch Nacktheit eigentlich nie.

Das Sprichwort, das besagt, dass nackt alle Menschen gleich seien, ist eine glatte Lüge. Egal, welche Revolution die Ungerechtigkeiten unserer Welt noch hinwegfegen mag, das Glück, mit guten Genen ausgestattet zu sein, hat nun mal nicht jeder. Die Revolution muss also im Auge des Betrachters stattfinden. Eines meiner liebsten Modelle ist deshalb mein Freund Frankie aus New York, der einen wunderschönen, dicken, dicht behaarten Körper hat und sich mit großer Lust nackt vor meinem Objektiv positioniert.

Kürzlich hatte ich die Gelegenheit, für meine Fotokolumne, die im *Esquire* erscheint, Luc Bruyère zu fotografieren. Der 27-jährige Songwriter aus Frankreich ist mit nur einem Arm auf die Welt gekommen und ließ sich ganz selbstverständlich und ohne Scheu nackt ablichten. Ich war etwas nervös, er nicht. Es bereitete ihm offensichtlich große Lust, sich so zu zeigen, wie er ist. Und ich war als Fotograf erfolgreich, wenn die Betrachter der Bilder nur noch das sehen, was er hat, und nicht, was ihm fehlt.

ACHTE ERKENNTNIS
SIE KÖNNEN SICH SCHON MAL FREI MACHEN!

WARUM NACKTHEIT VIEL MEHR IST, ALS KEINE KLAMOTTEN ZU TRAGEN – UND MANCHMAL SOGAR POLITISCH IST

MIT RAINER LANGHANS

Meine merkwürdige Leidenschaft für die Textillosigkeit zu ergründen, fällt mir zugegebenermaßen schwer. Ich weiß auch, weshalb: Sie bedeutet eigentlich nichts oder besser gesagt – soll nichts bedeuten. Außer: Unbeschwertheit, Zwanglosigkeit, Freiheit. Was wiederum gar nicht so wenig ist, aber seinen ganzen Glanz verliert, sobald man darüber nachzudenken oder gar zu argumentieren beginnt. Es ist ein wenig vertrackt.

Wir könnten also einen Deal machen und die Erkenntnis an dieser Stelle einfach abkürzen. Pudelnacktsein ist megaschön und lustig. Aus. Nächstes Kapitel.

Aber ihr habt 18 Euro für dieses Buch bezahlt. So einfach darf ich es mir also nicht machen. No Deal. Also habe ich darüber gegrübelt, mit wem ich zum Thema Nacktheit in meinem Leben bisher das beste Gespräch geführt habe. Und das war eindeutig Rainer Langhans, der – in beiderlei Bedeutung des Begriffs – große Geist der 68er-Bewegung, in der man bekanntermaßen gerne nackt herumlief und dies zum Statement machte. Ihr kennt die Geschichte: Ende der 60er-Jahre begann es in Deutschlands Jugend zu gären. Zum weltweiten Trend des Hippietums kam bei uns der Aufstand gegen die Elterngeneration, die zum Großteil im Nationalsozialismus Schuld auf sich geladen hatte und glaubte, sich im Mief der Nachkriegsjahre verkriechen zu können. Rainer und seine Mitrevolutionäre wollten das nicht zulassen – und begannen, sich gegen bürgerliche Konventionen aufzulehnen, unter anderem auch, indem sie durch ihre völlig neue Art zu leben das Biedermeierdeutschland schockierten. Sie schüttelten die alten Konventionen ab und – ihr habt es erraten – ihre Klamotten. Als ich vor ein paar Jahren meine YouTube-Talkshow *Abgetaucht* startete, wo ich jeweils mit einem Gast in der Badewanne saß und ihn interviewte, war mein zweiter Interviewpartner Rainer Langhans. Auch jede weitere Begegnung mit ihm war für mich lehrreich – auch und gerade, wenn es ums Thema Nacktsein ging. Denn diese ist bei ihm völlig anders geartet und motiviert als bei mir. Sein Nacktsein ist immer politisch gewesen, provokant und herausfordernd. Wenn ich mich selbst launig als »21st-Century-Hippie« bezeichne, ist das natürlich eine Frechheit gegenüber seiner Generation und deren revolutionärem Anliegen. Während ich bloß Nutznießer dessen bin, was sie damals erkämpft und erreicht haben. Polizisten, die mich dabei erwischen, wie ich in der Münchner Frauenstraße nachts nackt auf einer Plastikgiraffe posiere (habe ich wirklich gemacht), grinsen kopfschüttelnd, während Rainers Generation noch dafür von der Staatsmacht heftig verdroschen wurde. Eines will ich zu Rainer noch anmerken: Mir imponiert zum einen an ihm, dass er als einer der wenigen damals der Versuchung widerstand, sich zu radikalisieren und die Mörder der RAF zu unterstützen. Und zum anderen, dass er bis heute an seine Ideale glaubt und diese lebt, auch wenn ihn viele dafür als Spinner bezeichnen. Was er natürlich auch ist – im besten Sinne.

Was die 68er fühlten und was sie antrieb, ist für mich eine Episode aus den Geschichtsbüchern. Also frage ich Rainer, was sie damals wirklich empfanden und dachten. »Wir fühlten uns damals als neue Menschen und haben in der relativ kurzen Zeit eines Jahres alles abgelegt, was mir als Zwang vorkam«, sagt er.

»Wir haben deshalb auch gerne die Kleider abgelegt, weil wir glaubten, dass wir keine Rüstungen und Verkleidungen brauchen. Das war eine Nacktheit, die darüber weit hinausging, sexy wirken zu wollen.« Die Idee war, so sagt er, »neue Wege zu gehen, die von unseren Massenmördereltern wegführen. Wir gründeten eine Kommune und schotteten uns von der Realität des biederen Nachkriegsdeutschlands ab, mit der wir nichts mehr zu tun haben wollten. Man hat uns dafür geschlagen, ins Gefängnis geworfen – und manchen sogar erschossen.«

So weit, so bekannt. Aber wie soll man sich diese »freie Liebe« vorstellen, von der sie heute noch reden? Das sei wesentlich weniger sexuell gewesen, als wir heute glaubten, sagt Rainer. »Sex ist keine Liebe, ich glaube sogar, dass er von der Liebe wegführt, weil es um Besitzansprüche geht. Für uns gab es aber keinen Besitz, keine Privatsphäre.«

Aber stimmt das denn auch? Ich kenne doch die irren Bilder vom Woodstock-Festival. Rainers öffentliche Beziehung zu Uschi Obermaier, die zum Sexsymbol der Bewegung wurde, ist geradezu legendär. »Du musst es so verstehen: Das, was wir damals getan haben, war etwas völlig Neues, es hat das noch nie gegeben in der Menschheitsgeschichte – und wir mussten unsere Verrücktheit für die Leute begreifbar machen«, erklärt Rainer. Und auch damals galt offenbar: Sex sells, auch wenn es eine revolutionäre Idee ist, die man »verkaufen« wollte. »Bis heute hängt uns dieses Sexding an«, so Rainer. »Dabei ging es uns um die wahre Liebe – das Zusammenleben ohne Besitzansprüche.«

Im Jahr 2020 ist Rainer 80 Jahre alt geworden. Ich habe ihn und seine 78-jährige Mit-Kommunardin Christa Ritter splitternackt fotografiert. Christa hat sich schwergetan, wie sie danach einem Journalisten des Magazins *Stern* erzählte, wo das Bild erschienen ist. »Ich will auch nach Jahrzehnten der Demontage immer noch gut aussehen, keine Falten haben, möchte geliebt werden und das in meinem Alter!«, sagt sie.

Wie ist das mit Rainer? Fand er sich selbst je sexy? »Überhaupt nicht, ich bin aus dieser Art zu denken schon lange ausgestiegen«, sagt er. Wobei er diesbezüglich eine grundsätzliche Ausnahme darstellt, weil er »Asperger-Autist« ist – also ganz ähnlich wie Greta Thunberg ein nach innen gekehrtes Empfinden hat. Eigentlich interessant, dass Greta genau wie Rainer damals für eine Jugendbewegung steht, also beide – obwohl sie ihre Gefühle nicht so vermitteln können, wie es die Mehrheit der Menschen tut – ganz vorn vorangehen. »In der NS-Zeit hat man Leute wie uns reihenweise ermordet, heute ist das ganze Silicon Valley voll mit uns«, sagt Rainer.

Ich kapiere es aber immer noch nicht: Er war doch der Freund und Liebhaber von Uschi Obermaier, der begehrtesten Frau der 70er-Jahre, die nackt im *Stern* und im *Playboy* posierte. War das keine große Liebe? »Doch, aber ich war schon damals Feminist und versuchte mich vom Anspruchsdenken einer Beziehung zu befreien«, sagt Rainer. Er habe Uschi geliebt und sie trotzdem zu Mick Jagger gefahren, der sie unbedingt treffen wollte und schließlich mit ihr schlief. »Uschi war in manchem dennoch traditionell, sie war auch eifersüchtig. Ich kannte das nicht, wenngleich ich damals schon die Angst spürte, dass sie nicht mehr zurückkommen könnte.«

Kürzlich hat Rainer erfahren, dass er an Krebs erkrankt ist. Wenn er heute von Nacktheit spricht, dann meint er nicht nur, sich von Klamotten und Konventionen zu befreien, sondern irgendwann auch vom eigenen Körper. Mit seinen Kommunardinnen übt Rainer seit Jahrzehnten, sich davon zu befreien. Sie meditieren, nehmen Psychologie und ostasiatische Spiritualität zu Hilfe. »Weil auch der Körper eine Illusion ist«, sagt er. »Ich fühle mich innerlich immer jünger, aber mein Körper sagt mir leise, aber beständig: Du bist alt, du wirst bald sterben, mein Körper widerspricht meinem Gefühl.« Das klingt alles sehr kompliziert, aber auch irre spannend. Rainer glaubt an eine andere Daseinsform als das Hier und Jetzt. »Man muss das Sterben üben«, sagt er. »Damit man eines Tages gut in eine andere Wirklichkeit kommen kann. Ich will nicht leidend sterben, sondern glücklich. Deshalb begrüße ich meinen Krebs und bereite mich auf den Moment, in dem ich sterbe, als das größte Erlebnis meines ganzen Lebens vor.«

Wie ich es euch angekündigt hatte: Es wird schnell intensiv und manchmal krass, wenn man mit Rainer spricht und Zeit mit ihm verbringt. Wie ihr seht, habe ich nicht zu viel versprochen. Mich interessieren dennoch seine Ansichten zu etwas banaleren Themen als dem Sterben: etwa Schönheitsideale. Ich mag schöne junge Körper, aber ich muss sagen: Mir gefällt auch sein runzeliger mit achtzig, den ich da fotografieren durfte. Das ist ja das Großartige am Fotografieren, man sucht nicht das Glatte und Ebene, sondern das Unebene, das Raue. Zum Fotografieren ist das ausdrucksstarke Gesicht mit den vielen Falten immer das interessantere. »Würdest du den alternden, faltigen Körper immer noch schön finden, wenn es dein eigener wäre?«, fragt mich Rainer. Und er hat vermutlich einen kritischen Punkt getroffen, denn selbst altern, das will wohl keiner gerne. »Der Körper, der älter wird, kündet vom Näherrücken des Todes«, sagt er. »Keinen freut das.«

Als Model habe ich natürlich an der gigantischen Maschinerie mitgearbeitet, die immer wieder dasselbe Schönheitsideal reproduziert. Ob in der Antike, im Faschismus oder in der Influencerwelt: Alles giert nach noch perfekteren, muskulöseren und gesunden Körpern. Dass in gesund aussehenden Körpern auch immer ein gesunder Geist steckt, ist leider nicht wahr. Als ich begann, durch die Fotokamera zu blicken, habe ich intuitiv damit begonnen, nach anderen Körpern zu suchen. Denen mit Geschichten, Erfahrungen, Spuren. Von Rainer will ich die Lehre annehmen, meine Nacktheit nicht als Triumph über weniger ideal aussehende Körper wahrzunehmen. Wir alle werden älter und runzeliger und eventuell auch dicker. Wir sollten trotzdem nicht aufhören, uns schön zu finden. Das liegt ganz an uns selbst.

WIE ICH EIN MEISTER DARIN WURDE, IN DIE LEHRE ZU GEHEN

»Won't you please, please tell me what we've learned
I know it sounds absurd
Please tell me who I am«
(Supertramp)

Eigentlich sollte mal jemand einen historischen Roman über mein altes Haus im Franzosenviertel schreiben. Allein die hübschen Orgien in meinem Apartment würden einige illustre Kapitel hergeben. Von den Freudenmädchen der Kaiserzeit, die hier entlang der Außenbalustraden wandelten, ganz zu schweigen. Angeblich soll auch Thomas Gottschalk in frühen Jahren gleich über dieser Wohnung gelebt haben. Immer wenn ich den Fernsehstar in der Rolle als junger Türsteher in meiner Lieblingsserie *Monaco Franze* sehe, denke ich, dass er nach dem Dreh heim in die Kirchenstraße 52 gefahren sein könnte. Einmal kam ein uralter Rollstuhlfahrer in den Innenhof, um Fotos von den Balustraden zu schießen. Als ich ihn fragte, warum er das tat, erzählte er mir von den schönsten Rendezvous, die er wohl noch in den Fünfzigern hier hatte. Der Bordellbetrieb musste also viel länger gelaufen sein, als ich angenommen hatte.

Als Gymnasiast, der als Einziger eine eigene Wohnung hatte, war ich natürlich bald unheimlich beliebt, und meine Mitschüler hingen gern bei mir in der Kirchenstraße ab. Selbst die Kommilitonen aus reichen Elternhäusern feierten am liebsten in dem verwinkelten Miniapartment, als wäre es ein exklusiver Geheimklub. Zeitweise tanzten bis zu fünfzig Menschen in meiner 37-Quadratmeter-Butze, die auf wundersame Weise nie zu eng wurde, egal, was man ihr zumutete. Eine der wichtigsten Partynächte in der Kirchenstraße 52 ereignete sich an einem Sonntagabend 2015, in der ein als Inder verkleideter Schönheitschirurg aus Braunschweig mit dem unglaublichen Namen Dr. Jüngling die Berliner PR-Agentin Patricia Woerler-Horzon, die ihr Abendkleid gegen einen Matrosenanzug aus meinem Kleiderfundus eingetauscht hatte, und der Journalist David Baum, der sich ebendort einen Onesie geholt hatte und nun einem betrunkenen Teletubbie glich, wild durch meine Wohnung tanzten. Es sollte eine folgenreiche Nacht werden. Aber alles der Reihe nach.

Nachdem der zweite Artikel in der *Süddeutschen Zeitung* erschienen war, fand ich eine Nachricht aus der *GQ*-Redaktion in meinem Mailaccount vor. Diese kam von jenem David Baum, der Mitglied der Chefredaktion des Männer-Lifestylemagazins war und mir anbot, ein Kurzporträt über mich zu veröffentlichen. Es war immer schon ein Traum von mir gewesen, mit meinen eigenen Bildern darin zu erscheinen, zuvor war ich schon einmal als Model in der chinesischen Ausgabe gewesen. Eine Seite über mich persönlich mit einem Selbstporträt – das war in meinen Augen ein guter Weg zu meinem Ziel. Allerdings war das Konzept dieser »Männer des Monats«-Seite, auf der man mich vorstellen wollte, dass prominente Gastautoren diese Texte verfassten. Es war schnell klar, dass mein Freund Axel Milberg diese Aufgabe übernehmen würde, er schrieb ein paar herzzerreißende Zeilen über mich. »Jetzt mal ehrlich, so möchte jeder leben, das will jeder sehen, Schönheit, Frauen,

Reisen in Wärme, umgeben von Pflanzen und Tieren, die die Ekstase steigern, den Kontrollverlust begleiten«, schrieb er da, und: »Rätselhaft, wie er all die Freundinnen und Freunde dazu kriegt, sich hinzuschmeißen, zu posen, Schlangen zu umarmen, Rüssel aufzusetzen, oft auf öffentlichen Plätzen. Sie spüren, denke ich, dass er nie aus voyeuristischer Distanz beobachtet, sondern *part of the game* ist, sich hingibt und mitmacht.« Ich fühlte mich sehr erkannt und geschmeichelt. Offenbar hatte mein väterlicher Freund genau beobachtet, was ich so gemacht hatte und wer ich geworden war. Aus seinen Sätzen sprach so viel Liebe und Fürsorge, allein dafür, das über mich zu lesen, hatte sich die gesamte Aktion mehr als gelohnt. Als die Ausgabe erschien, staunte ich nicht schlecht, wer sonst noch so in diesen Gentlemen-Strecken auftauchte: Hubert Burda schrieb über Literaturnobelpreisträger Peter Handke, Colin Firth über Renée Zellweger und Al Pacino über Jessica Chastain. Kein übles Line-up, dachte ich mir, in das man mich und Axel da eingereiht hatte.

Am Vorabend des Erscheinens hatte die *GQ* wie jeden Monat in die »Goldene Bar« im Haus der Kunst zu einer First-Look-Party geladen, wo von Barchef Klaus Rainer immer sagenhafte Drinks gemixt wurden, DJs auflegten und tolle Live-Acts stattfanden. Als ich die Treppen hochstolperte, spürte ich, wie ein erhebendes Gefühl in mir aufstieg. Im Souterrain des Hauses der Kunst befand sich das P1, lange Zeit Münchens bekanntester Klub, in dem ich wenige Jahre zuvor noch als Barkeeper hinter dem Tresen gestanden hatte. Immer wenn ich in meinem heutigen Kleiderschrank mit den vielen, vielen Anzügen schaue, muss ich an diesen Abend zurückdenken, an dem ich den einzigen anhatte, den ich damals besaß.

David und ich wurden bald Freunde, und auch José Redondo-Vega, der damalige Chefredakteur von *GQ,* fragte mich über mein Leben aus und erzählte mir von sich. Als ehemaliger Flüchtlingsjunge, der als Kind mit seinen Eltern den faschistischen Schergen seiner Heimat Spanien entkommen war, war er sicher einer der außergewöhnlichsten Menschen, die es je an die Spitze eines Magazins des mondänen Verlags Condé Nast geschafft haben. Ich staunte, weil ich völlig andere Leute erwartet hatte. Die Macher der deutschen *GQ* hatten allesamt nichts mit der egozentrischen und oberflächlichen Fashionwelt gemeinsam, die ich bis dahin kennengelernt hatte. Überhaupt wimmelte es in diesem Team nur so von Leuten mit spannenden Biografien. Auch der damalige Chefreporter Josip Radović war einst ein Flüchtlingsjunge gewesen, der als Kind im Jugoslawienkrieg von zwei Kugeln getroffen wurde. Die Leiterin der Bildredaktion, Roya Norouzi, die sich sofort meine Fotomappe zur Begutachtung kommen ließ, hat persischen Migrationshintergrund. Von ihr ging schließlich die Initiative aus, etwa ein Jahr nach jenem bedeutsamen Abend meinen größten Wunsch wahr werden zu lassen – ein Portfolio meiner gesammelten fotografischen Werke in *GQ.*

Zuvor hatte sich David Baum bei mir angesagt und wollte mir eine Idee unterbreiten, die er und José zusammen ausgeheckt hatten. Ich war fürchterlich gespannt. Es war ein lauer Sommerabend, und ich hatte ein kleines Tischchen auf der Bordellbalustrade der Kirchenstraße 52 arrangiert. Es sollte eine marokkanische Spezialität geben, Tajine mit Hähnchen, Gemüse, Datteln und Pinienkernen. Wir schmausten vor uns hin, und ich wartete gespannt darauf, wie denn nun der große Plan aussehen würde. David erzählte mir von einem privaten Salon, den er veranstaltete und wo der Gründer von RTL, Helmut Thoma, als Stargast des Abends etwas extrem Schlaues zu ihm gesagt hatte: Die Magazinjournalisten würden ständig Blogger, Influencer und andere Internetdilettanten hofieren – und das erinnere ihn an die alten Azteken, die im 16. Jahrhundert glücklich gewinkt haben sollen, als die Spanier mit ihrem Gold davonsegelten. Ein brillantes Bild, fand ich, aber ich verstand immer noch nicht, was das alles mit mir zu tun haben sollte.

David und José hatten sich überlegt, nicht mehr über die steilen jungen Leute, die in den sozialen Medien Fame und Vermögen anhäuften, zu schreiben, sondern selbst in jene digitalen Gefilde vorzustoßen. »Geniale Idee«, sagte ich. »Aber inwiefern könnte ich euch dabei helfen?« Außer mit meinem Tumblr-Account, der meine Fotografie promoten solle, sei ich noch nicht als großer Like-Held aufgefallen. »Genau«, sagte David. »Und deshalb passt du perfekt.« Schließlich wolle man keine Teenie-Influencer kopieren oder bei den üblichen Instagram-Verdächtigen aufspringen, sondern eine Art schlaues Gegenmodell etablieren – in Gestalt eines smarten, digitalen Gentleman. Eine Aufgabe, so seien sie sich sicher, die perfekt zu mir passen würde. Ich schluckte. Ich hatte zu diesem Zeitpunkt bereits meinen Anteil an der »Frauen 26« verkauft und in ein neues Lokal in der Reichenbachstraße investiert, wo ich eine Bar mit einem Fotostudio, das gleichzeitig eine Galerie sein sollte, eröffnen wollte. Eigentlich war ich also mit einem Projekt verplant und ausgebucht. Gleichzeitig verspürte ich zu dieser Zeit bereits den Wunsch, weniger in der Nacht zu arbeiten und mehr am Tag. David und ich begannen sofort, Ideen zu sammeln und Pläne zu schmieden. Wir waren uns einig, dass es kein reiner

Fashionblog sein durfte, sondern meine Lust am Herumreisen miteinbeziehen musste.

Bevor es losging, hatte ich aber noch eine schwierige Aufgabe zu bewältigen. Ich musste mit José, der nicht nur ein toller Chefredakteur, sondern auch ein ausgefuchster Businessman war, mein Honorar aushandeln. Ich spazierte etwas aufgeregt in das Headquarter von Condé Nast beim Münchner Königsplatz. Es war das erste Bewerbungsgespräch in meinem ganzen Leben, meine erste richtige Gehaltsverhandlung. Ich hatte mir ein moderates Honorar überlegt, da ich ja nebenher weiterhin meine eigenen Projekte vorantreiben wollte. Aber ich folgte dem Rat eines guten Freundes, keinesfalls als Erster mit einer konkreten Summe rauszurücken. José Redondo-Vega begutachtete mich mit seinem Pokerface und ließ es erst mal sacken, dass ich keinen bestimmten Betrag nennen wollte.

Offenbar war er aber nicht in Stimmung für Basar-Debatten und knallte mir einen Vorschlag auf den Tisch, der exakt doppelt so hoch war wie die Forderung, die ich mir überlegt hatte. Ich bemühte mich, mir nicht anmerken zu lassen, dass ich innerlich bis über beide Ohren grinste, und sagte – ohne weiter zu überlegen – zu. Weder José noch ich ahnten zu diesem Zeitpunkt, was für ein gutes Geschäft beide Seiten da abgeschlossen hatten. Nach einem Jahr generierte der Blog etwa die Hälfte des Online-Umsatzes von *GQ*. Well done.

Zunächst mussten wir jedoch eine dringende Frage klären: Was wollen wir da eigentlich machen, und wie soll das Ding heißen? Einige Tage später fand ein weiterer von Davids privaten Salonabenden statt, wo er mit seinem besten Freund Niki von Taysen

eine bunte Gesellschaft zu heiteren Feuilletongesprächen ein-
lud. Diesmal war der schillernde Berliner Bonvivant Friedrich
Liechtenstein zu Gast, es wurde gekocht, getalkt und gefeiert,
und irgendwann spätnachts landete ein versprengter, übrig
gebliebener Teil der Runde bei mir in der Kirchenstraße: Dok-
tor Jüngling, Madame Horzon, David und ich. Je betrunkener
David wurde, desto wilder sprühten seine Ideen, er erfand ein
YouTube-Format, in dem ich nackt nackte Prominente in einer
Badewanne interviewen sollte, und so weiter und so fort. Nur in
der Frage des Namens für unseren Blog kamen wir nicht weiter.
Währenddessen betätigte sich David als DJ, spielte Songs auf
YouTube, dann legte er wieder eine Vinyl-Platte auf die Turn-
tables, dazwischen sang er auch mal selbst ein Lied.

Plötzlich stand er mit hochrotem Kopf in der Mitte meines
Wohnzimmers mit einer Platte aus der Sammlung, die mir mein
Vater geschenkt hatte, sagte mit bedeutungsvollem Unterton:
»Ich weiß, wie der Blog heißen wird!«, und schaltete den Plat-
tenspieler ein. Der Chirurg und die PR-Lady hatten unser Ge-
quatsche eher nebenbei wahrgenommen, nun waren sie beide
offensichtlich gespannt, was die Lösung des Problems sein
sollte. Und da begann der mir seit Kindheitstagen vertraute
Sound »Rmmmmtamm, ddrimm, rammtamamm ...« der Band
»Supertramp«.

> ... When I was young, it seemed that life was so wonderful
> A miracle, oh it was beautiful, magical

Der *GQ Supertramp* war geboren. Tatsächlich traf der spontan
entstandene Titel alles, was mich ausmachte, dieser hippieske
Supersound, das Trampen, diese Sehnsucht nach Irrationalität.

Won't you please, please tell me what we've learned
I know it sounds absurd
Please tell me who I am

Wenige Tage später wurde in der *GQ*-Redaktion damit begonnen, die Voraussetzungen für die Umsetzung dieses Blogs zu schaffen. Sogar eine passende Badewanne für meine Show, die *Abgetaucht* heißen sollte, obwohl Loriot-Fan David »Die Ente bleibt in der Wanne« präferiert hatte, war bereits organisiert.

Nicht alle Mitarbeiter von Condé Nast waren so begeistert wie wir. Beim ersten Meeting mit den Marketingverantwortlichen blickten auch einige der Damen aus dem Sales-Team mit Entsetzen auf meine Nudes, die ich ihnen in einer Fotomappe mitgebracht hatte. »Machen wir jetzt etwa Porno?«, fragte eine von ihnen entsetzt. »Damit verjagen wir alle hochklassigen Anzeigenkunden.« Ganz so, als hätte sich die Fashionszene bislang durch eine besondere Prüderie ausgezeichnet.

Es gab aber auch Menschen in diesem Team, die von Anfang an Feuer und Flamme waren und sich nahezu verbissen daranmachten, den *GQ Supertramp* zum Erfolg zu führen. Laura Schwarz war mir anfangs etwas suspekt erschienen, weil sie mit dem Gemüt eines Generalfeldmarschalls an die Vermarktung des Projekts gegangen war. Hätte man mir damals gesagt, dass sie eines Tages mit mir eine Firma gründen würde, hätte ich es nicht geglaubt. Und doch sollte es einmal so kommen.

Wir starteten den Blog mit Bildern, die bereits vorhanden waren, und wählten dafür bewusst ein Motiv, das den Nackedei-Kritikern aus der Sales-Abteilung verdeutlichen sollte, dass wir keinesfalls auf Nudes verzichten würden. Es war das Bild mit Ivory, der Tochter eines Piraten aus St. Martin, mit der ich auf einem Hochhaus in New York posierte. Es sind genauer gesagt zwei Bilder, eines, das sie mit gespreizten Beinen zeigt und meinen Kopf dazwischen – und das Gleiche noch einmal umgekehrt. Meine Idee war es, Gleichberechtigung bei sexuellen Begegnungen exemplarisch darzustellen. Die Sales-Frauen hatten kein Verständnis dafür und reagierten pikiert. Unter den Bildern stand die Zeile aus der Sinatra-Hymne »Start Spreading The News«.

Dann stand da noch: »Wir haben einen Dreier: Wir, das sind Ivory, ich – und New York. Over the top im wahrsten Sinne. Ich bin mal ehrlich, hier hatten wir noch keinen Sex. Wir haben bloß dieses Bild geschossen. An dieser Stelle soll dieser Blog beginnen. Ganz unten und ganz weit oben.« Wir hatten noch einige andere Best-of-Bilder aus den vergangenen Jahren mit Texten versehen, da ich vorab noch eine private Reise nach Island geplant hatte. Es war so schnell losgegangen mit dem *GQ Supertramp,* dass ich das nicht mehr absagen konnte. Und keinesfalls wollte.

Meine beste Freundin Miosoti aus Miami war mit ihrem lustigen Cousin, einem Diplomaten der Dominikanischen Republik in Seoul, auf die nordwesteuropäische Insel gereist, beide waren zum ersten Mal auf meinem Kontinent. Weil Island im Vergleich zu Miami und Südkorea von München aus eigentlich bloß um die Ecke liegt, bin ich dorthin geflogen und habe sie auf dem Flughafen überrascht. Dann fuhren wir mit einem Camper den sogenannten Golden Circle entlang und glucksten mit unserem lauten Lachen mit den Geysiren um die Wette.

Es gab nur Wasserfälle, Schafe und womöglich Feengeister. Einer der abgeschiedensten Orte des Kontinents, möchte man meinen. Allerdings sind die Isländer gut digitalisiert, sodass man selbst an den zivilisationsfernsten Orten über ein ausgezeichnetes Netz verfügt. Gerade als ich aus einem Feld wunderschön violett leuchtender Lupinen kam, in dem ich mich nackt porträtiert hatte, klingelte mein Handy. »Rmmmmtamm, ddrimm...«, dröhnte aus meinem Rucksack der Supertramp-Song. Das musste David sein, für dessen Anrufe ich das Lied auf dem Smartphone als Klingelton eingestellt hatte.

»Okay, sorry, ich weiß, du bist noch privat unterwegs«, begann er sofort zu schnattern. »Aber wir können nicht noch einen Blog-Eintrag mit Nudes machen, wir brauchen was mit Fashion. Kannst du nicht auf Island schnell was schießen?«, fragte David. Grundsätzlich war ich natürlich bereit dazu, doch das einzige Teil in meinen Rucksack, das nach Fashion aussah, war ein Paschminaschal – der allerdings von einem indischen Markt stammte. Ich musste also passen, ich hatte rein gar nichts dabei, was sich geeignet hätte. »Papperlapapp«, sagte *GQ*-Mann David. »Fashion ist immer noch das, was wir dazu erklären.«

Ich zog also die Wanderstiefel von einer Münchner Firma namens »Skandal« an, die mir mein Vater Jahre zuvor vermacht hatte, einen alten Cardigan von »Zara« und eine knallgelbe Jacke von »The North Face«. Dazu meine Jeans von »Acne«, für die ich als sogenannter Brand Ambassador sechs Jahre lang gearbeitet hatte. Alles in allem nicht unbedingt der letzte Schrei. Aber wie David gesagt hatte: Mode ist am Ende auch Wille und Vorstellung. Die Bilder wirkten enorm fashionable, und im Text, den wir gemeinsam am Telefon formulierten, klang das alles nach einer brillanten und bewusst zusammengestylten

Vintage-Kombination. Mein erstes selbst gestyltes Fashionshoot als *GQ Supertramp* war gemeistert.

Kaum war ich aus Island zurückgekehrt, wurde ich in den Strudel von *GQ* hineingezogen. Ich war nun Supertramp mit Haut und Haaren, gut eingecremt und hübsch frisiert. Und manchmal pitschnass, schließlich begann sofort die YouTube-Serie in der Badewanne. Laura Schwarz hatte in der Zwischenzeit lukrative Werbepartner an Land gezogen, für die Wannen-Show saßen wir in dem schicken Showroom eines Badewannenladens. Moderatorin Alena Gerber, Topmodel Marcus Schenkenberg, 68er-Ikone Rainer Langhans, Schauspieler Jimmi Blue Ochsenknecht, TV-Star Fernanda Brandão und DJ Psaiko.Dino und *Game Of Thrones*-Hauptdarsteller Tom Wlaschiha begaben sich mit mir in den Badeschaum und ließen sich auch in den Talks regelrecht ausziehen. Ich weiß nicht, ob je ein anderer Interviewer seinen Gästen körperlich so nahe gekommen ist wie ich in jener Wanne.

Marcus Schenkenbergs Managerin hatte mich zuvor eindringlich dahin gehend gebrieft, ihn nicht auf seine verflossene Beziehung zu Pamela Anderson anzusprechen, doch Marcus und ich hatten als Warm-up einige Gläser Champagner getrunken und alle Vorsätze vergessen.

Irgendwann rutschte mir dann doch Andersons Name raus, aber anstatt elegant abzuwiegeln, fing das beschwipste männliche Topmodel an, nicht bloß bis dahin unbekannte intime Details aus der Beziehung preiszugeben, sondern gab detailliert Auskunft über Sexpositionen und war sogar bereit, diese in der Wanne nachzustellen.

Die Managerin war entsetzt, die Sales-Damen aus dem Verlag noch viel mehr, aber Redaktion und Leserschaft freuten sich und beschenkten uns reichlich mit Klick- und Viewzahlen.

Recht schnell sollte sich der *GQ Supertramp* als ein Fulltime-Job erweisen, der allerdings aus lauter Dingen bestand, die mir gigantische Freude bereiteten. Trotzdem überstiegen die Aufgaben meine Möglichkeiten, zumal die Werbekunden noch mehr Videoclips begehrten. Ich griff auf das größte Potenzial zurück, das ich habe: meine Freunde.

Mario Voit ist einer meiner ältesten und engsten Wegbegleiter, wir hatten uns als Vierzehnjährige auf einem Videoabend bei Freunden kennengelernt und teilten die große Lust am Herumreisen. Nun konnten wir dieser Passion mit Aufträgen nachgehen, filmten einander und mussten es nicht einmal selbst finanzieren.

Was ich an unserer Freundschaft so schätze, sind die Lässigkeit und Ungezwungenheit. Auch wenn ich monatelang im Ausland unterwegs war, nahm unsere Beziehung keinen Schaden und konnte sofort wieder angeknipst werden. Er hatte inzwischen Medien und Marketing studiert, seine Bachelorarbeit über Blog-Marketing am Beispiel des *GQ Supertramp*-Blogs verfasst und dafür José interviewt. Er wäre insofern bestens geeignet gewesen, mit mir die neuen Aufgaben anzugehen, konnte aber weder fotografieren noch filmen. Ich nahm ihn kurz ins Gebet, offerierte ihm die Möglichkeit, mit mir gemeinsam das Projekt, das er gerade noch als Beobachter beschrieben hatte, zu dem seinen zu machen. Einen Freund in die Lehre zu nehmen, hat das Potenzial, alles sehr kompliziert zu machen. Aber zwischen uns funktionierte das wunderbar. Das Geheimrezept, möchte ich an dieser Stelle gerne verraten, es heißt Vertrauen. Heute ist er ein fester Mitarbeiter jeder Produktion und ein viel besserer Filmer, als ich es je gewesen bin.

Wenn ich heute aufliste, wohin wir geflogen sind, muss ich

mich erst zwicken, um sicherzugehen, dass das alles wahr ist: Marokko, Südafrika, Spanien, Italien, England, Kanada, Schweden, New York, Miami, L. A., Kolumbien, Japan, Philippinen – kurzum: die ganze Welt. Der Blog machte seinem Namen alle Ehre. Wir reisten von einem Erdteil zum nächsten, inszenierten an all diesen Orten Mode von Dior, Hilfiger, Cartier, Joop, Louis Vuitton, Puma, Replay, Acne – und mein langjähriger und treuer Kunde Porsche. Anders als in Modeltagen war ich jedoch kein anonymes Gesicht mehr, keine Modepuppe, sondern stets ich selbst.

Eine aufregende Zeit, wir heizten mit unseren Cayennes einmal quer über den australischen Kontinent, ich ließ mir von Rapper Sido einen Bergkristall auf den Bauch tätowieren, inszenierte mich in die größten Kunstinstallationen der Art Basel Miami, durfte Peter Lindbergh bei einem Fotoshooting an der Normandieküste assistieren, konnte mit meinem Lieblingshollywoodschauspieler Bill Murray einen Nachmittag in Berlin abhängen.

Mein Hochfest waren die alljährlichen »Männer des Jahres«-Galas in der Komischen Oper Berlin. *GQ* hatte in der Zwischenzeit nicht nur eine große Fotostrecke meiner Arbeiten veröffentlicht, ich durfte auch als Porträtfotograf hinter der Bühne die Weltstars ablichten, die dort Preise entgegennahmen. Ich muss mich dafür entschuldigen, dass ich in diesem Kapitel so ins Namedropping verfalle, aber es war für mich unglaublich, wen ich da alles vor der Linse haben durfte. Und manchmal muss ich mir diese ganzen Begegnungen selbst aufzählen, um sie für wahr zu halten.

Zwischendurch berichtete ich meiner Mutter am Telefon, was mir alles Gigantisches widerfahren war, und sie hörte es sich mit Erstaunen an. Eines Tages aber merkte ich, dass sie verhalten auf die allerneuesten Reiseberichte reagierte. Dann fragte sie: »Kommt deine Seele eigentlich auf diesem Trip noch hinterher?« Ich hielt inne und stutzte. Was meinte sie bloß? Ich war stets meiner Philosophie gefolgt, darauf zu hören und mich selbst zu prüfen, wenn mich solche zweifelnden Fragen zu meinem Leben erreichten. Als ich eines Nachts auf der Wiese an der Moosach, wo heute mein Tiny House steht, in dem alten Zirkuswagen nächtigte, wurde mir klar, was sie meinte. Ich war derart im Geschirr, dass mir der Blick dafür verloren gegangen war, wofür ich das alles machte. Zwei Monate später lösten *GQ* und ich den Vertrag, ich dankte allen Beteiligten – und beschloss, mich neu aufzustellen.

Laura Schwarz war eine der wenigen, die ich im Verlag in meine Überlegungen eingeweiht hatte, schließlich betraf es auch ihren Arbeitsplatz. Und wir beschlossen spontan, uns selbstständig zu machen und eine eigene Agentur zu gründen. Mir hatten die hochtrabenden und erfolgsverliebten Namen vieler anderer Agenturen missfallen, also suchten wir einen Begriff, der das Ganze amüsant konterkarierte: LAZY GmbH.

Condé Nast hatte mir unglaublich viel ermöglicht, aber es war plötzlich bei all der Freiheit etwas wie ein Beruf entstanden. Ein Arbeitsplatz. Eine Enge, die ich nie in meinem Leben haben wollte. Nun sollte ein neues Kapitel beginnen.

Ich musste nur meinem Instinkt folgen – und der forderte von mir: Heimkehr, Settlement. Ich spürte meinem Verlangen hinterher, und dieses wollte nicht mehr bloß in die Welt hinaus, sondern nach Hause. Ich begann, den Zirkuswagen, den Lisa uns mehr oder weniger hinterlassen hatte, auszubauen, plante mein Tiny House direkt darunter am Moosach-Ufer, eröffnete meine Galerie und Agentur am Ort meiner Geburt. Und wartete darauf, dass mir wieder jemand nach der einen oder anderen Vernissage auf der Straße anerkennend zunickte. Die Marktweiber vom Viktualienmarkt waren zu weit entfernt. Es sollte die Betreiberin des süßen Keksladens in der Straße sein, die als Erste davon Notiz nahm, dass in ihrer Nachbarschaft herrliche Dinge geschahen. Ich war wieder angekommen.

DU KANNST EIN STAR SEIN, ABER DU MUSST ES DIR ERARBEITEN

MIT BILLY PORTER

Viele Kinder stellen sich vor, wie es wohl wäre, ein Star zu sein. Applaus zu bekommen ist ein menschliches Bedürfnis, und es beginnt damit, dass unsere Eltern erfreut in die Hände klatschen, wenn wir zum ersten Mal von allein aufs Töpfchen gegangen sind. Kein Wunder also, dass viele auch später glauben, dafür gefeiert zu werden, wenn sie Scheiße produzieren. Okay, das war jetzt ein billiger Wortwitz – aber er folgt demselben Prinzip, schließlich hoffe ich, dass ihr deshalb kurz schmunzeln musstet und mich dafür cool fandet.

Das Versprechen vom Startum ist ein Big Business. RTL verspricht seit fast zwanzig Jahren den Kandidaten seiner Show *Deutschland sucht den Superstar,* ein Star zu werden. Keiner der sogenannten Gewinner ist je ein solcher geworden. Die sozialen Medien haben das Prinzip noch einmal überdreht, alles singt und produziert sexy Selfies mit dem Wunsch, dafür möglichst zahlreich Klicks und Views abzuschöpfen und dafür Fame und Cash zu kassieren. Doch was macht das mit uns?

Die Milliarden von Tweets, Instagram-Posts und Facebook-Statusmeldungen, die wir täglich produzieren, verbrauchen eine gigantische Menge an Strom und somit CO_2. Für den Jahresenergieverbrauch eines emsigen Twittergottes könnte man auch fröhlich mit einem Kreuzfahrtschiff rund um die Welt gondeln. Es liegt in der Natur der Sache, dass wir mit unserem Auftritt in den sozialen Medien nicht alle berühmt und vermögend werden können. Gewiss ist uns bloß ein ungekannter Reichtum an Neurosen und Enttäuschungen.

Ich nehme mich selbst nicht davon aus, schließlich bin ich Teil dieses Wahns. Und davon abhängig, dass meine Fotos angeschaut, gemocht und gelikt werden. Ja, auch ich bin like-geil. Durch meine diversen Jobs und das Engagement bei *GQ* durfte ich auch »echten« Stars begegnen. Keine Angst, ich zähle sie nicht noch einmal alle auf. Zwei von ihnen möchte ich dennoch herausgreifen. Der eine ist der Hollywoodschauspieler Bill Murray, weil er sich allem völlig verweigert, was eigentlich zum Erfolg dazugehört. Nicht nur, dass er an der Welt der sozialen Medien schlichtweg nicht teilnimmt, er hat nicht einmal ein Management. Stattdessen einen Anrufbeantworter, auf den Regisseure, Produzenten, Medienleute und die Golden-Globe-Jury draufquatschen können – und hoffen, dass er es abhört und zurückruft. 2016 durfte ich ihn porträtieren, nachdem er die Anrufbeantworternachricht von *GQ* gehört hat und daraufhin nach Berlin gereist ist, um die Auszeichnung als »*GQ* Mann des Jahres« entgegenzunehmen. Auch hier: ohne Bodyguard, ohne Personal Assistant. Irgendwann fanden wir uns nachts auf der Tanzfläche wieder, Billy Murray und der wunderbare Berliner Stadtpfau Friedrich Liechtenstein drehten sich glücklich verliebt in dem Moment um sich selbst. Und die ganze Party guckte voller Glück auf so viel Unbeschwertheit.

Mit einem der Prominenten, die auf den sagenhaften *GQ*-Events waren, habe ich mich ein wenig angefreundet. Billy Porter ist in mehreren Bereichen ein wahrer Star: Broadwaydarsteller, Regisseur, Autor, Schauspieler, Sänger und Komponist. Unendlich schillernd und in vielerlei Hinsicht glänzend. Für seine interdisziplinären Erfolge hat er den Tony, den Emmy und den Grammy im Regal stehen. Das muss man erst mal hinkriegen.

Ich habe ihn in New York erreicht und ihn gebeten, mir ein paar Einsichten darüber zu vermitteln, was es für ihn bedeutet, ein Star zu sein.

»Ich hatte als Junge sehr wohl den Traum, ein Star zu sein«, gesteht er mir. »Aber ich wäre damit nicht weit gekommen. Ich musste erst verstehen, dass es darum geht, etwas anzubieten, den Leuten mit seiner Kunst zu dienen.« Mit fünf hat Billy begonnen, in der Kirche zu singen. »Künstler zu sein ist ein Beruf, das muss man wissen«, sagt er. »Und einen Beruf muss man erlernen, man muss trainieren und hart arbeiten. Dieses Starsein ergibt keinen Sinn, wenn man nicht gleichzeitig Künstler ist. Dann ist es nur eine wertlose Hülle.« Von Anfang an hat er aber keine Unterschiede gemacht, was die vielen verschiedenen Ausdrucksformen anbelangt. »Man hat mir natürlich auch gesagt, dass ich mich auf etwas konzentrieren müsse, weil ich mich sonst verzetteln würde. Aber darauf habe ich nicht gehört. Außerdem war es für mich als Schwarzen und schwulen Mann nicht ganz so einfach, ich wusste, dass ich nur durch die

Türen gehen kann, die sich mir öffnen, und wählte deshalb viele verschiedene Möglichkeiten.«

Wer sich als Kind oder Teenie wünscht, einmal berühmt zu sein, der sollte sich erst einmal klarmachen, wofür. Es geht darum, seine Talente zu entdecken und dann auch daran zu arbeiten. Schon die alten Griechen wussten das und erklärten es sogar zur Sünde, ein Talent, das man besitzt, ungenutzt zu lassen. Billy lacht laut über diese Anmerkung. »Tja, die alten Griechen. Ich habe das in meiner Kirche ähnlich gelernt: Gott hat dir ein Talent gegeben, also mach was draus.« Er glaube heute nicht unbedingt mehr daran, sagt er. »Aber ich glaube, dass man ein Talent verlieren kann, wenn man es nicht nutzt. Also nutzt es!« Aber wie findet man heraus, ob das Talent reicht? »Schau in den Spiegel, und sei ehrlich zu dir«, rät Billy. »Du wirst wissen, ob du Talent hast, und dann verwende deine ganze Power dafür. Du musst wissen, was du machst, aber du musst auch wissen, was nicht. Kreativität ist die eine Sache, aber man braucht auch Hilfe und Zusammenarbeit«, fährt er fort. »Je mehr du dir die richtigen Leute suchst, mit denen du zusammenarbeitest, desto mehr wirst du daraus machen.«

Er selbst bezeichnet sich als introvertiert, was eigentlich nicht dem Klischee eines Stars entspricht. »Viele Leute wundern sich, wenn ich das sage. Aber ich bin extrovertiert, wenn es die Situation verlangt, wenn ich auf der Bühne stehe, das reicht.« Ein Celebrity zu sein habe er stets als Nebenprodukt verstanden. »Wenn man bemerkt, dass das auf einen zutrifft, muss man sich um sich selbst kümmern, man braucht Ausgeglichenheit, um das zu verkraften, sonst kann es schnell schädlich sein.« Viel wichtiger sei Allüre, also eine gute Ausstrahlung.

»Das Berühmtsein bringt die wahren Eigenschaften eines Charakters zum Vorschein. Wer ein Arschloch ist, der wird dadurch ein Riesenarschloch. Das Gleiche gilt glücklicherweise für die guten Eigenschaften.« Billy hat sich selbst seine Spiritualität bewahrt und versucht, diese zu kultivieren und sich damit zu erden. »Ich meditiere und suche Kraft darin.«

Was passiert, wenn ich Billys Rat folge, mich vor den Spiegel stelle und mich dem eigenen prüfenden Blick stelle? Was kann ich wirklich? Als die Lektorinnen meines Verlags den Vorschlag machten, auf das Cover dieses Buches zu schreiben, dass der Autor Simon Lohmeyer ein Influencer und Blogger sei, hat sich vieles in mir dagegen gesträubt. Mir selbst erscheint das zu unbedeutend, dass Leute gerne gucken, was ich mache, wohin ich reise und welche schicken Klamotten ich dabei trage. Wer bin ich also wirklich, was kann ich, was macht mich aus? Ich würde sagen, dass ich mich in erster Linie als Fotograf verstehe. Auch wenn ich selbst auf dem Bild bin, sind es ja meine eigenen Fotografien, die ich da mache. Aber bin ich als solcher erfolgreich genug? Ich bin kein Lindbergh, kein Helmut Newton, keine Ellen von Unwerth. Ich glaube, mein Talent, das ist mein Blick. Mein Blick auf die Welt und auf die Schönheit, die ich überall und an jedem entdecken kann. Ich hoffe, dass ich damit richtigliege.

WIE ICH AUS BINSENWEISHEITEN EINE LEBENSPHILOSOPHIE GEBASTELT HABE

»Unsere wahre Heimat ist der gegenwärtige Augenblick.«
(Spruch aus einem chinesischen Glückskeks)

Als ich mit den tollen Leuten aus meinem Verlag darüber nachdachte, wie dieses Buch aussehen könnte, war ich noch etwas verunsichert. Schließlich sollte es nicht bloß eine Sammlung meiner diversen Geschichten sein, sondern Erkenntnisse beinhalten. Wenn Karl Lagerfeld nach seinen Lebenseinsichten gefragt wurde, sagte er stets, dass diese nur für sich selbst, aber eher nicht für andere Menschen Gültigkeit hätten. »Kann man machen, sofern man akzeptiert, dass das Ergebnis so ist wie ich!«, sagte er. Ungefähr so komme auch ich mir vor. Alles, was mir geschehen, zugestoßen und auch gelungen ist, hat hervorragend für mich und mein Leben funktioniert, das muss aber nicht heißen, dass das für alle Menschen so ist.

Meine engeren Freunde mussten erst einmal lachen, als sie hörten, ich würde mein Buch als Ratgeber schreiben. Denn ich bin für meinen Hang zu Binsenweisheiten und Kalendersprüchen bekannt. Diese Passion teile ich übrigens mit meinen Freunden aus der *GQ*-Zeit, David Baum und José Redondo-Vega, deren Lieblingsphilosophen Dr. Dolittle und die Bremer Stadtmusikanten heißen. Von dem einen stammt der Spruch »Wir

heben das Bein erst, wenn wir am Zaun sind«, von dem anderen
»Etwas Besseres als den Tod findest du überall«.

Als ich mit siebzehn von zu Hause ausgezogen bin und beschlossen habe, auf eigenen Beinen zu stehen, fing ich an, mir
meine ganz persönlichen Lebensgrundsätze zu überlegen. Ich
muss an dieser Stelle einmal aussprechen, dass ich meinen Eltern sehr dankbar dafür bin, dass sie uns ein moralisches Ge-
rüst mitgegeben und versucht haben, drei Kinder gut großzu-
ziehen und ihnen ein gutes Leben zu ermöglichen. Dass es in
mancher Hinsicht schiefgegangen ist, gehört zu den Niederlagen, die viele Menschen täglich erleben. Es ist Teil des Er-
wachsenwerdens, die Eltern als suchende, ringende und
manchmal leider auch in vielerlei Hinsicht scheiternde Menschen wahrzunehmen – und zu akzeptieren. Eltern sind keine
Zauberkünstler, keine Übermenschen, keine Helden. Ich hätte ihnen damals auch jedes eigene Scheitern in die Schuhe
schieben und mich darauf ausruhen können, dass jeder Fehler, den ich begehen würde, bereits durch meine Ausgangspo-
sition bedingt war.

Ich habe mich aber anders entschieden und mit Vater und
Mutter meinen Frieden gemacht. Ich bin kein gläubiger Christ,
aber ich habe natürlich als bayerisches Kind eine ordentliche
Portion an christlicher Erziehung mitbekommen. Man kann
den christlichen Kirchen einiges vorhalten, aber der gute alte
Jesus hat schon einige der besten Klugheiten abgeliefert. Sagen
wir es so: Würde ich in einem chinesischen Glückskeks
Sprüche wie »Liebe deinen Nächsten wie dich selbst« oder
»Selig sind, die um der Gerechtigkeit willen verfolgt werden,
denn ihrer ist das Himmelreich« vorfinden, wäre ich ziemlich

zufrieden mit der Ausbeute an Weisheiten und würde ein gutes Trinkgeld geben.

Auch wenn Jesus gerne mal überperformte, bleibt von ihm – ganz gleich, ob er Gottes Sohn war oder auch nicht – diese grenzgeniale Idee von der Vergebung.

Ich bin auch schon mit den Weisheiten von Konfuzius – im wahrsten Sinne – happy. Aber auch die weniger spirituellen Sprichwortgeber wie Kurt Tucholsky, Erich Kästner und Charlie Chaplin sind in meiner Weisheitensammlung willkommen. Ich bin mir dessen wohl bewusst, dass Sätze wie »Jeder Tag, an dem du nicht lächelst, ist ein verlorener Tag« von Charlie Chaplin oder »Wunder erleben nur diejenigen, die an Wunder glauben« von Erich Kästner nicht der Weisheit letzter Schluss sind. Aber lieber eine abgedroschene Lebensweisheit, die mich ein bisschen weiterbringt, als eine brandneue Gemeinheit von diesen ganzen Erfolgreich-sein-Gurus, die im Internet herumkrebsen.

Was mir auch immer inhaltlich entgegengekommen ist, waren die Lehrsätze der Buddhisten. Denen geht es oft so wie den anderen unfreiwilligen Zitatgebern der Kalenderindustrie: Ihre Philosophien gelten als abgedroschene Schlaumeierei. Der arme Buddha – formerly known as Siddhartha – hat im Westen eine traurige Karriere als Ersatzgartenzwerg hinnehmen müssen. Dabei hat er so viel zu bieten, was wirklich befolgenswert ist. Stichwort: Karma. Wir alle kennen das Konzept, wonach jede Handlung Folgen nach sich zieht. Mir ist daran vor allem jene Idee wichtig, dass man mit Gemeinheiten und negativen Handlungen gegenüber anderen sich selbst Schrammen zufügt und das eigene Wesen verfinstert.

Mir fällt dazu eine Begebenheit am Flughafen London Heathrow ein, wo sich immer lange Schlangen von Börsenheinis bildeten, die zwischen dem Londoner Finanzplatz und dem Frankfurter Pendant hin und her flogen. Geduld und Relaxtheit gehören nicht zu den Stärken des klassischen Finanzbrokers, und so gab es stets ein nervöses Gedränge vor der Sicherheitsschleuse. In solch einer stand auch ich gerade, als ein Prachtexemplar von Wichtigtuer laut telefonierend an der Schlange vorbeistolzierte und sich einfach an deren Spitze einreihte, das grantige Grummeln und Geschimpfe der anderen ignorierend. Inmitten der Empörten befand sich ein britischer Gentleman in sehr feinem Tweed, der milde lächelnd das Spektakel beobachtete. Als der Vordrängler erfolgreich durch die Schleuse spaziert war und sich die Erregung nicht legen wollte, wandte er sich an die Menge und sagte: »Stay calm, gentlemen, it's his karma, not ours.«

Als Jesus seine Bergpredigt hielt, war er ungefähr in meinem Alter, also Anfang dreißig. Prinz Siddharthas Erwachen unter dem Baum der Weisheit geschah ihm mit fünfunddreißig Jahren. Ich wäre also im idealen Alter, um eine bahnbrechende Philosophie zu formulieren. Blöderweise gehört dazu aber der grundlegende Lehrsatz, sich selbst nicht für allzu gescheit und wichtig zu halten, ein Paradox, das ich nicht auflösen kann, weshalb ich wohl kein talentierter Begründer einer eigenen Lehre bin. Das ist auch der Grund, weshalb ich zu den zehn Erkenntnissen an den Kapitelenden dieses Buches nicht bloß eigene Nachbetrachtungen hinzugefügt habe, sondern meine Gespräche mit Menschen, die mir wichtig sind oder die ich für besonders schlau halte, miteinbeziehe.

Eine grundlegende Wahrheit war mir dann doch so wichtig, dass ich sie auf den Buchtitel geschrieben habe: Deine beste Zeit ist jetzt. Aber ist das wirklich etwas, was man anderen Menschen raten sollte? Heißt das nicht, das Gestern und das Morgen zu vernachlässigen? Meine Philosophie ist diese: Jeder Moment, der war, und jeder, der noch kommen wird, hat seinen kurzen Auftritt als Jetzt. Wer sein Leben darauf ausrichtet, jeden Augenblick zu genießen oder gar zu feiern, der kann gar nicht auf dem falschen Weg sein. Der hat die Chance, sich stets von Neuem selbst zuzurufen: Dies ist dein Leben, und es ist irre gut.

Manchmal stelle ich mir die Frage, wie unser aller Leben verlaufen wäre, wenn Lisa nicht aus dem ihren geflohen wäre. Wir wären definitiv andere geworden, vielleicht unbeschwerter, vielleicht oberflächlicher. Ich muss oft an unseren Kinderzirkus zurückdenken, bei dem auch sie als Kinderartistin mitmachte. Dort entstanden die engsten Bruder-Schwester-Begegnungen, die wir hatten. Weil wir gemeinsam als Team aufgetreten sind. Sie kletterte damals auf meine Schultern, rollte ihren Körper über den meinen ab, ich fing sie auf, hielt sie an einem Arm und an einem Bein fest, schwang sie wieder hoch in die Luft. Das funktionierte nur, weil wir einander äußerst vertraut waren und uns aufeinander verlassen konnten. Während unserer gemeinsamen Akrobatik fühlte es sich manchmal für Sekunden so an, als wären wir eins oder als würden unser beider Herzen im gleichen Takt schlagen.

Als sie vierzehn war und ich neunzehn, nahm ich sie auf eine Silvesterparty mit, ich glaube, es war ihr erstes Silvester, das nicht im Familienkreis stattfand. Sie war die Jüngste in der

Runde, wir saßen in der Wohnung italienischer Freunde in der Prinzregentenstraße. Sie war stolz darauf, von meinen Freunden ernst genommen und akzeptiert zu werden. Um Mitternacht standen wir am Friedensengel, eingehüllt in den Rauch der startenden Feuerwerkskörper links und rechts. Wir waren am oberen Ende des Hügels, von unten schossen die Raketen in unsere Richtung, und ich hatte plötzlich Panik, dass ihr etwas zustoßen könnte, und den Impuls, sie beschützen zu müssen. Doch sie fand meine Fürsorge übertrieben und wollte nicht als kleine Schwester behandelt werden.

Als wir nach Hause gingen, schaute sie mich verwundert an. »Wie du dich verändert hast«, sagte Lisa, und ich verstand erst nicht, was sie damit meinte. Sie hatte beobachtet, wie unglücklich ich in meiner alten Schule gewesen war, wo das gegenseitige Mobbing unter den Schülern zum Alltag gehörte und wir uns regelrecht in unseren Kinderzirkus geflüchtet hatten. Nun auf einmal, mit den neuen Freunden aus dem neuen Gymnasium, sei ich ihr so unbeschwert vorgekommen, redegewandt und geschickt im Umgang mit den vielen Leuten. Mir selbst war das nicht aufgefallen, aber ich spürte sofort, dass sie recht hatte. Und gleichzeitig merkte ich, dass sie dies als einen großen Unterschied zu sich selbst empfand. Und ich begriff, dass ich sie gar nicht so gut kannte, wie ich geglaubt hatte. Ich lieferte sie in unserem früheren gemeinsamen Zuhause ab, und sie sagte: »Simon, ich glaube, du bist jetzt erwachsen.« Und ich verabschiedete mich mit der Bemerkung, dass wir beide diesen herrlichen Abend mit so erwachsenen Gesprächen verbracht hatten und dass das wohl für immer unser beider Verhältnis prägen würde.

Dabei gehört doch zu den größten Vorzügen unter Geschwistern, egal, wie alt man ist, im jeweils anderen stets das Kind sehen zu dürfen, mit dem man groß geworden ist. Eine Erfahrung, die uns beiden verwehrt bleiben sollte.

DIE BINSENWEISHEITEN UND GLÜCKSKEKSBOTSCHAFTEN, DIE ICH ANGESAMMELT HABE

Stelle dir dein eigenes 90-jähriges Ich vor,
wie es eines Tages in einem Lehnstuhl sitzt und
auf dein Leben zurückblickt.
Versuche, jeden Augenblick so zu gestalten,
dass du sagen kannst:
»Diesen Weg habe ich bewusst so eingeschlagen.«

Triff jede Entscheidung selbst,
sodass du dir ausschließlich selbst die Schuld geben kannst,
wenn es die falschen gewesen sein sollten.

Mach immer neue Pläne!
Wenn sie scheitern,
mach noch mehr neue Pläne!

Sammle Erfahrungen und sei bereit,
auch schlechte zu machen.
Ärgere dich nicht über das, was schiefgegangen ist,
sondern freu dich, dass du daraus lernen darfst.
Tiefpunkte und schwierige Situationen machen
dich reicher und besser, weil du sie bewältigen wirst.

Vertraue dem Universum.

Lerne, aufrichtig zu lächeln,
auch wenn dir nicht danach ist.
Es ist nie falsch, zu lächeln, denn irgendwann
lächelt das finsterste Gesicht zurück.
Begreife das Lächeln wie einen Sport, trainiere es,
bis dein Lächeln ganz von selbst entsteht.

Lachen kannst du am besten,
wenn du auch zulässt, zu weinen.

Versuche, dich in dein Gegenüber hineinzuversetzen,
und überlege dir, wie du dich und
dein Handeln wahrnehmen würdest.
Denke an die goldene Regel:
»Was du nicht willst, dass man dir tu,
das füge keinem andern zu.«

Gönn dir.

Pflege deine Ideen, als wären es geliebte Topfpflanzen. Auch wenn sie welk werden und ihre Blüten verlieren, hege und pflege sie weiter.

Bleibe deinen Prinzipien treu.
Überprüfe aber zwischendurch,
ob deine Prinzipien vielleicht Quatsch sind.
Falls dem so ist:
Bleibe deinen Prinzipien nicht treu.

Hol dir Feedback,
hinterfrage dein Handeln,
versuche, Kritik ernst zu nehmen.

Es gibt Probleme, die du ernst nehmen musst.
Solange du Freunde hast, die zu dir stehen und
auf deren Hilfe du zählen kannst,
ist kein Problem zu groß.

Lebe so, dass du solche Freunde hast.

Wenn du glaubst, dass dich das Universum fickt,
vertraue ihm trotzdem.

Wenn du dir nicht gefällst, zieh dich aus.